BERLIN
AUS DER LUFT FOTOGRAFIERT

BERLIN

AUS DER LUFT FOTOGRAFIERT

VON DIRK LAUBNER

nicolai

© 2001 Nicolaische Verlagsbuchhandlung GmbH, Berlin

Bildlegenden: Antonia Meiners, Berlin
Übersetzung (englisch und französisch): Theresa M. Bullinger, Berlin

Repros: Mega-Satz-Service, Berlin
Druck: Aumüller KG, Regensburg
Bindung: Lüderitz & Bauer, Berlin

Printed in Germany

ISBN 3-87584-056-9

Vorwort

von Gerd Nowakowski

Berlin, offene Stadt: Nun, nachdem alles niedergerissen worden ist, was die Stadt einst trennte, ist die Sicht wieder frei auf das ganze Berlin.

Wie sich Straßen und Plätze zu Mustern formen, wie die steinerne Landschaft sich zu einer Ordnung fügt, ist nirgendwo so eindrücklich zu erfahren wie von oben, beim Blick aus den Fenstern einer tief fliegenden Maschine. Der Fotograf wird dem Engel gleich, dem Engel aus Wim Wenders Film »Himmel über Berlin«. Der saß 1987 auf dem Gesims des letzten Hauses am öden Potsdamer Platz und sann dem Schmerz der geteilten Stadt nach. Der Fotograf aber ist Chronist eines Wunders. Denn bis zum Mauerfall war auch der Himmel geteilt, jeder Blick von oben auf Berlin verboten. Jetzt offenbart sich eine Stadt, die im vergangenen Jahrhundert unvergleichlich gelitten hat unter nationalem Größenwahn und sich dennoch auf den Weg gemacht hat zur selbstbewussten Metropole. Von oben ist nun der ungeteilte Schatz der Hauptstadt zu ermessen, die trotz vielfacher Zerstörung und Barbarei architektonische Schichten angesetzt hat wie Jahresringe. Eingerahmt, wie beschützt von Meisterwerken der klassischen Moderne steht dort unten das fragil wirkende Kleinod der St.-Matthäus-Kirche von Friedrich August Stüler. Daneben der gläserne Kubus der Neuen Nationalgalerie von Mies van der Rohe, vis-à-vis Sharouns geniale Bauten der Staatsbibliothek und der Philharmonie. Dahinter streben die Fassaden des Potsdamer Platzes wie ein Gebirge in den Himmel. Nur aus der Luft kann man auf einen Blick diese Ansammlung von Gebäuden unterschiedlichster Epochen und Formsprachen erfassen.

Vergessen der Moment des Erschreckens, wenn beim nächtlichen Anflug die gleißende Helle von West-Berlin unter dem Flugzeug jäh abbrach und nur noch Finsternis unter den Tragflächen lag, als habe die Stadt dort unten aufgehört zu existieren. Dieser Moment ist Geschichte geworden mit dem Mauerfall. Wenn die Passagierjets von Westen her über Berlin einschweben und über die Innenstadt ihre lange Kurve zum Landeanflug nach Tegel ziehen, dann strahlen in beiden Stadthälften die Lichter in den Nachthimmel. Wo ist West, wo ist Ost, wo liegt das neue, wo das alte Berlin? Die wandelbare Stadt und der Ort der vielen Städte macht es den unkundigen Besuchern schwer, sich zurechtzufinden.

Berlin hat sich neu erfunden und neu gefunden. Die Zeit der gigantischen Baugruben ist vorbei. Niemand berauscht sich mehr an hochfliegenden Plänen, an Blaupausen, an unter Wasser arbeitenden Betongießern und an rohen Betonwänden. Dem Ballett der Baukräne, der stampfenden Rhythmen der Baumaschinen längst überdrüssig, hat Berlin sich geschmückt mit fertig gestellten Bauwerken. Die tiefen Wunden der Schrecknisse des Kriegs und der Teilung sind verheilt. Der große Zeitsprung in die Architektur der Moderne ist geschafft. Das ist alles andere als selbstverständlich gewesen. »Wird es gelingen, und wird es funktionieren?«, fragte mancher bang, als die Pläne für den Potsdamer Platz vorlagen, für diese unendlich scheinende Brache im Zentrum der Stadt, diesem Erbe faschistischen Größenwahns und des Kalten Kriegs. Es funktioniert. Zehntausende von Menschen beleben täglich die Straßen zwischen den Bauten von Renzo Piano und Helmut Jahn. Nur aus der Luft wirkt das gigantische Areal mit den trotz ihrer Masse südländisch leicht wirkenden Bürotürmen von Piano und dem kühlen Kristallpalast Jahns wie eine zufällig zusammengeschobene Sammlung von Architekturmodellen. Triumph und zweifelhaftes Gelingen liegen zuweilen eng beieinander. »Wie dem brutalen Klotz die Anmut jener höheren Formen der Kultur geben?« Eine Frage, die sich vor einhundert Jahren der amerikanische Architekt Louis Sullivan bei der Planung seiner inzwischen legendären Hochhaus-Bauten stellte. Eine Antwort darauf ist Hans Kollhoff mit seinem hochstrebenden Backsteinbau gelungen; er bezaubert trotz seiner Masse mit einer anmutigen Leichtigkeit. Daneben verliert der kühle, jede Beziehung zu seinem Standort verneinende Sony-Turm. Beide Hochhäuser beherrschen den traditionsreichen Potsdamer Platz, und sie schlagen zugleich die Brücke zum Leipziger Platz, dessen charakteristisches Oktogon sich schon abzuzeichnen beginnt. Der Baufortschritt frisst seine eigenen Symbole: Die weltweit bekannte rote Info-Box, von neun Millionen Menschen besucht, hat ausgedient und wird bald abgerissen.

Berlin ist viele Städte. Nirgendwo wird das bei dieser Stadtlandschaft aus Stein, Wasser und Wäldern – ausgreifend wie das gesamte Ruhrgebiet – so deutlich wie aus der Luft. Die alten Quartiere an der Oranienburger Straße und dem Hackeschen Markt sind herausgeputzt worden. Verschwunden ist mit den vergammelten Fassaden der Staub und der Mief der untergegangenen DDR.

Alt und Neu, das macht die Spannung aus in dieser Stadt, die sich stolz ihrer Schönheiten bewusst wird. Weithin leuchtet die goldene Kuppel der Synagoge in der Oranienburger Straße im Licht, Unter den Linden reihen sich die Solitäre der Humboldt-Universität oder der feingliedrigen Staatsoper – beste preußische Traditionen verkörpernd. Die wieder errichtete Statue Karl Friedrich Schinkels mit dem weltoffenen Neubau des Außenministeriums im Rücken blickt hinüber auf das grandiose Werk des Baumeisters, das Alte Museum am Lustgarten. Unter das Alte mischt sich das Neue. Bald wird sich an das barocke Zeughaus eine gläserne Treppenhaussäule schmiegen, Teil des vom Louvre-Architekten Pei entworfenen Erweiterungsbaus.

Der grandiose Entwurf der Stadtplaner erschließt sich auf überraschende Weise neu aus der Vogelperspektive, hoch über den Dächern fliegend, die an Sonnentagen aufblitzen. Die mächtige Magistrale des Boulevards Unter den Linden, auf der nun endlich wieder das Reiterstandbild Friedrichs des Großen steht, weist auf das verschwundene Stadtschloss und lässt den fehlenden Schlussstein des einmaligen Ensembles um so schmerzlicher spürbar werden. Am Pariser Platz mit der im Hintergrund unübersehbaren Reichstagskuppel, dem Wahrzeichen des neuen Berlin, ist nur aus der Luft zu erahnen, dass das Brandenburger Tor einst der Eingang zur Stadt war. Weit dehnt sich dahinter der Tiergarten aus, begrenzt im Norden von der neuen Regierungszentrale. Der Monumentalbau des Kanzleramts strebt in die Höhe – gleichsam eine Stein gewordene Machtdemonstration gegenüber den Parlamentariern im Reichstag.

Die launige Metropole ist eine Verwandlungskünstlerin. Erst im Blick von oben wird deutlich, dass Berlin Meisterwerke aus jeder architektonischen Epoche besitzt: vom verspielten Schloss Charlottenburg bis zur kühlen Sachlichkeit des kürzlich aufwendig sanierten Shell-Hauses am Schöneberger Landwehrkanal. Der zerrissene Davidstern des neuen Jüdischen Museums gemahnt ebenso an die Geschichte der Stadt, wie das Ullstein-Haus daran erinnert, dass Berlin einst die größte Industriestadt Deutschlands war.

Beim Blick aus der Pilotenkanzel sieht man, wie billige Fassadenkultur schroff auf kunstvolle Architektur stößt. Manch Unbill, den die Stadt in der Nachkriegszeit erleiden musste, ist noch nicht getilgt. Bauliche Sündenfälle gab es in Ost und West gleichermaßen. Unübersehbar sind jene der fünfziger Jahre, als im Westen ganze Wohnquartiere den Schneisen einer autogerechten Stadt geopfert wurden und der gut gemeinte Kampf gegen lichtlose Mietskasernen in Kahlschlagsanierung und öden Neubauvierteln endete. Im Ostteil gibt es das einmalige Baudenkmal der früheren Stalinallee mit hoher Wohnqualität, zugleich die furchtbare Misshandlung von historischen Bauten. Der Blick aus dem Flugzeug enthüllt, wie isoliert die aus dem 13. Jahrhundert stammende Marien-Kirche auf der von der DDR geschlagenen gigantischen Freifläche neben dem Fernsehturm wirkt. Eine Augenweide dagegen Berlins schönster Platz, der Gendarmenmarkt mit Schinkels Schauspielhaus und Deutschem und Französischem Dom. Die neue Friedrichstraße, Symbol des Aufbruchs im Ostteil der Stadt, tritt aus dem Schatten der eigenen Legende heraus. Lang zieht sie sich hin, einst getrennt durch die Mauer, deren Spuren kaum noch zu finden sind im Stadtbild. Nur noch der nachgebaute Checkpoint Charlie, einst schmaler Übergang zwischen Ost und West, zeugt von der welthistorischen Rolle, die bis zum Mauerfall die Friedrichstraße spielte. Ein Sinnbild der Teilung: Vom einstigen West-Berlin im Süden mit dem architektonisch gründlich verunglückten Wohnensemble der sechziger Jahre am Kreuzberger Mehringplatz führt sie in den Norden mit dem Friedrichstadt-Palast und dem Berliner Ensemble im ehemaligen Ost-Berlin. Jetzt wächst die Friedrichstraße langsam zu einer glanzvollen Einkaufsstraße heran, die sie selbst in den viel beschworenen »Goldenen Zwanzigern« nie war.

Längst überholt scheint beim Blick von oben der Architekturstreit, erbittert geführt um die Bebauung der Friedrichstraße. Die Frage, ob sie ein Ort baulicher Avantgarde oder der Rückbesinnung auf die »Europäische Stadt« sein sollte, teilte Anfang der neunziger Jahre die Zunft. Durchgesetzt haben sich die Vertreter der »Europäischen Stadt«, die bei der neuen Bebauung auf historischen Blockgrundrissen und einheitlichen Bauhöhen beharrten. Mit zweifelhaftem Erfolg. Entstanden sind in der Bauwut der Nachwendezeit riesige Gebäude, diktiert von der Rentabilität, die zwischen Leipziger Straße und Unter den Linden jeweils ganze Straßenblöcke ausfüllen. Doch die kritisierten Quartiere, von den Nutzern längst angenommen, zeugen von einer liebevollen Sorgfalt der Architekten für ihre Werke, die von der Straßenfront kaum zu erahnen ist. Nur den Vögeln sichtbar, hat Jean Nouvel, der Erbauer des Glaspalasts der Galeries Lafayette, die gigantischen Glaskegel aus dem Innern des Kaufhauses durch das Dach wachsen lassen. Selbst der strenge und viel gescholtene Korpus des Quartiers 206 lässt von oben feinere Proportionen erkennen, dem Spaziergänger zu ebener Erde verborgen. Das gleiche Phänomen wiederholt sich in der West-City rund um die Gedächtniskirche. Die charakteristische Form des hochgelobten Neubaus der Industrie- und Handelskammer – das »Gürteltier« – zeigt sich nicht vom Bürgersteig aus, sondern nur aus dem Flugzeug. Bauherren kaufen nach dem Draufblick auf das vorgestellte Modell und nicht fertige Häuser, bemerkte dazu bissig einst die New Yorker Architekturkritikerin Ada Louise Huxtable.

Die Stadt wird dichter werden, ganz nach dem Plan des Senatsbaudirektors Hans Stimmann, der die alten Stadtstrukturen wieder aufnehmen möchte. In den Straßenzügen werden Lücken geschlossen; lieb gewonnene innerstädtische Grünflächen, die eigentlich Schneisen der Zerstörung sind, verschwinden. Fünfzig Jahre lang erinnerten sie an die Schrecken des Kriegs. Die alten Namen: Hausvogteiplatz, Spittelmarkt, plötzlich bekommen sie wieder ein Gesicht, einen Klang, auch wenn die Häuser zerstört und die ehemaligen Bewohner vertrieben, ermordet oder von Bomben getötet wurden. Berlin gewinnt durch die bauliche Verdichtung – und verliert zugleich. Der freie Blick auf die neugotische Friedrichswerdersche Kirche von Schinkel wird verschwinden, wenn der davor liegende Park bebaut wird. Das einst schönste Gebäude der Stadt, die kriegsbeschädigte und von der DDR-Führung später abgerissene Schinkel'sche Bauakademie, wird neu erstehen – und gleichzeitig den Blick engen. Perspektiven verändern sich, architektonische Glanzstücke, die aus der Distanz wirken, verlieren beim nahen Blick von der anderen Straßenseite. Über den Potsdamer Platz wacht seit 1995 eine Panoramakamera, die täglich den Baufortschritt dokumentiert. Die fotografische Zeitreise von der öden Brache nach dem Mauerfall bis zum Triumph einer Stadt und ihrer Menschen, die sich nie so einfach den Verhältnissen beugten – ist im Internet abzurufen. Mehr als zehn Jahre nach dem Mauerfall sind viele der Bewohner auf beiden Seiten der einstigen Grenze immer noch fern von einer inneren Einheit – umso wichtiger ist die äußere Veränderung der Stadt für eine gemeinsame Identität. Noch aber brauchen die Menschen Zeit, sich auf die Wandlung der Stadt zur Regierungszentrale einzustellen und auf das ungeheure Tempo, das sie anfangs noch schwindeln machte.

Fertig ist Berlin längst noch nicht, wird es nie sein. Kaum sind die Baukräne verschwunden, wächst erneut die Lust auf neue Bauprojekte. Jetzt reift die Zeit für Hochhäuser, für neue Landmarken. Für den Alexanderplatz, Schauplatz von Alfred Döblins berühmtem Roman, in den dreißiger Jahren Inbegriff moderner Stadtarchitektur und zu DDR-Zeiten Zentrum der sozialistischen Hauptstadt, gibt es Pläne für nahezu ein Dutzend Türme von über 150 Metern Höhe. Ähnliche Vorstellungen existieren für die City West rund um den Kurfürstendamm. Berlin, die offene Stadt, will wachsen, dem Himmel entgegen, der nun ungeteilt ist.

Foreword

by Gerd Nowakowski

Berlin. Open City. Today, after everything has been torn down, that formerly divided the city, a full view of Berlin is possible again. Nowhere can one better behold the veritable concept inherent in this maze of streets and squares, this urban landscape, than looking down onto the city through the windows of a low-flying aircraft. The photographer assumes the guise of the angel as portrayed by Wim Wenders in "Himmel über Berlin" ("Wings of Desire"). Unlike that angel who, perched 1987 atop the cornice of the only remaining building on a desolate *Potsdamer Platz*, reflected upon the suffering of the divided city, the photographer however is the chronicler of a miracle. Before the Wall came down, also the skies were divided, the view from up high prohibited. Today, the view reveals a city which, having suffered like no other under the throes of last century's megalomaniac nationalism, is evolving to become a proud metropolis. From up high, one can now appraise the undivided treasure that is Germany's capital. Despite repeated waves of destruction and barbarity, the city has accumulated architectural layers like annual rings. Embedded in, nigh-to protected by, the masterpieces of classic architectural modernity, stands the fragile gem that is Stüler's *St.-Matthäus-Kirche*. Alongside it the glass cube edifice of the *Neue Nationalgalerie* built by Mies van der Rohe and vis-à-vis Sharoun's ingenious *Staatsbibliothek* and *Philharmonie*. In the background rise the façades of *Potsdamer Platz*, reaching up like mountains into the sky. Only a bird's-eye view can discern the various forms and the different eras that make up this concentrated, mighty ensemble.

Forgotten is that moment of startled surprise when a nightly approach by plane revealed the glittering brightness of West Berlin, a view abruptly truncated where the east began and darkness set in, as though the city below had ceased to exist. This moment became history as the Wall came down. When passenger jets now descend upon Berlin from the west, widely circling into position above the city centre to land at Tegel airport, the lights of both east and west radiate the night skies. Which is east and which is west?; where is the Berlin of old and where the new? The changing metropolis, a site, in fact, of multiple cities, makes orientation difficult for visitors unacquainted with it. Berlin has re-defined itself, has discovered itself anew. The era of gigantic construction pits has passed; no more going into raptures over ambitious projects, blueprints, high-tech underwater concreting technologies and raw concrete façades. Long weary of the sight of construction crane ballets and the stamping rhythms of building machines, Berlin has adorned itself with finished edifices. The deep wounds of division and the terrors of war inflicted upon the city have healed. The city has accomplished a huge time-leap into architectural modernity, though it was by no means foreseeable that this would actually work. Scepticism abounded when the plans were presented for *Potsdamer Platz*, then a vast wasteland in the heart of the city, a site with a heritage of fascist megalomania and Cold War hostilities. But it did work. The streets that run down between buildings designed by Renzo Piano and Helmut Jahn, between the Debis high-rise or the Sony Center, come to life with tens of thousands of people every day. It is only from a bird's-eye perspective that this massive complex, with Piano's Mediterranean-style design that insinuates weightlessness and Jahn's cool crystal palace, renders the appearance of being a collection of randomly assembled architectural models.

The distinction made between triumph and questionable success can often be quite fragile. "How to bestow upon a crude block the grace of higher forms of culture?" was how American architect Louis Sullivan formulated this key question when building his legendary high-rise buildings a hundred years ago. Hans Kollhoff has provided a response to just that issue with the design of his surging brick building. Despite its mass, it has the charm of graceful weightlessness. The cool Sony tower, in contrast, appears to negate any affiliation with its surroundings. Both buildings dominate the *Potsdamer Platz* rich with traditions. They are also a proverbial bridge to the adjoining *Leipziger Platz*, whose characteristic octagonal design is already beginning to emerge. Construction development is corroding its own intrinsic symbols. The red Info Box, renowned throughout the world and having accommodated nine million visitors, has now served its purpose and is due to be torn down.

Berlin is more than just one city. This is never more clear than from an aerial perspective, looking down on this urban landscape of concrete, waterways and forests, a metropolis as expansive as the entire Ruhr region in the west of Germany. The intact old districts along *Oranienburger Strasse* and *Hackescher Markt* have been spruced up. Gone is the dust and smell of decay associated with the days of the socialist regime of East Germany. The old alongside the new is what makes this city so fascinating, makes up its excitement, a city in the process of developing a proud awareness of its beauty. The golden dome set atop the synagogue on *Oranienburger Strasse* glistens into the distance in the light. The *Humboldt-Universität*, an ensemble of massive solitaires, or the delicate design of the *Staatsoper* pridefully line the boulevard *Unter den Linden* as typical representatives of a glorious Prussian past and tradition. The statue of Karl Friedrich Schinkel is once more casting its eyes on his grand work of art,

the *Altes Museum* adjoining the *Lustgarten* and set before the modern, open edifice of the Foreign Ministry building. The new mingled with the old. A glass stairwell column will soon be erected to complement the baroque *Zeughaus*. This will be part of the extension designed by Louvre architect Pei.

The grandiose plan drafted by the city fathers surprisingly unfolds anew when viewed from high above the city roofs that sparkle on sunny days when caught in the sun's rays. The multiple-lane thoroughfare along *Unter den Linden* is home once more to the sculpture of Friedrich the Great on horseback. The boulevard points out to the disappeared town castle which has since long vanished and lets feel all the more painfully the gap, the missing key-stone of this unique ensemble. It is only from an overhead perspective that the *Brandenburger Tor*, situated on *Pariser Platz* and set against the backdrop of the magnificently conspicuous *Reichstag* dome (landmark of the new Berlin), can be clearly identified as having been a town gateway formerly. Behind this scene, the city parklands of the *Tiergarten* spread far westward. The new government headquarters building, a monumental construction, is situated on the northern borderline of the park. It rises high in a proverbial display of power as if for the benefit of the parliamentarians accommodated in the *Reichstag* opposite it.

The moods and guises of this metropolis are manifold. Only from up high does it become evident that Berlin exhibits masterpieces from all architectural eras: from the ornate *Schloss Charlottenburg* to the sobriety of the recently painstakingly refurbished Shell building along the *Landwehrkanal* in the district of *Schöneberg*. Just as the damaged Star of David at the new *Jüdisches Museum* stands as a symbol of remembrance of the history of the city, so does the *Ullstein-Haus* symbolize the fact that Berlin was once Germany's most prominent location for industry.

Looking down on the city from the vantage point of an airplane cockpit, one sees the stark contrast created by the close proximity of cheap façade design and harmonious architecture. Some of the misdeeds forced upon the city in the post-war era have not yet been cured. Architectural sins were apparent in the east and the west alike. Particularly conspicuous are those endured in the 1950's when whole housing complexes in the western part of the city were razed to the ground to make way for roads and parking, and admirable intentions to rid the city of dark and dingy old tenement housing ultimately culminated in the sweeping destruction of old buildings and the erection of drab new apartment blocks. The eastern part of Berlin saw the erection of an unparalleled monumental housing project. While this housing on the former *Stalin-Allee* offered its tenants quality apartments, it nonetheless represented a gross assault on historical buildings. A look out of the plane's window reveals how unfortunately forlorn the 13th-century structure of the *Marien-Kirche* appears positioned adjacent to the television tower on the gigantic empty square, the *Alexanderplatz*, constructed by the former socialist regime. A feast for the eyes, on the other hand, is Berlin's most picturesque square: the *Gendarmenmarkt*, site of Schinkel's *Schauspielhaus* as well as *Deutscher Dom* and *Französischer Dom*. The new-look *Friedrichstrasse*, a symbol of the new times in the eastern part of the city, is shaking off the burden of its own legendary past and redefining itself. Formerly divided by the Wall, the traces of which are now hardly to be found in the cityscape, *Friedrichstrasse* stretches over a long distance. The reconstruction of the former *Checkpoint Charlie* border crossing is the only remaining symbol that bears witness to the globally historic role that this street played prior to the fall of the Wall. While it was formerly symbolic of the division between east and west, it now represents the metaphoric borderline between north and south.

It also harbours some profoundly disastrous 1960's architecture – *Mehringplatz* in *Kreuzberg* as well as the *Friedrichstadt-Palast* and the *Berliner Ensemble*, the one-time Brecht venue. Nowadays, *Friedrichstrasse* is starting to evolve into a glamorous shopping street lined with attractive shops, the kind of street it never was – not even in the oft-cited "Golden Twenties".
From an elevated perspective, the fierce debate among experts in the early 90's about the best architectural design for *Friedrichstrasse* (i.e. avant-garde design or a retrospective focus on "European urbanity") would appear long outdated. The advocates of European urbanity have come out on top, insisting that new construction be founded on historical block allotments and uniform building heights. Their success is questionable. The era of frantic construction in the wake of German reunification brought forth a conglomeration of huge new buildings (under the dictate of profitability), each of which takes up an entire block between *Leipziger Strasse* and *Unter den Linden*. Though often the subject of criticism, they have, for one thing, long enjoyed the approval of the actual users and, for another, do display a devotion to architectural circumspection on the parts of their designers – something their street façades, however, hardly intimate to. Visible to the birds alone, Jean Nouvel, builder of the *Galeries Lafayette* glass palace, has extended a gigantic cone of glass from the department-store interior through its roof. Even the austere and much-scolded body of the *Quartier 206* building displays finer proportions when viewed from above – again, perpetually out of view for anyone strolling the streets. The same phenomenon applies to the western section of the city surrounding the *Gedächtniskirche*. The characteristic form of the highly acclaimed building which houses the Chamber of Industry and Commerce – the so-called "armadillo" building – is not visible from the footpath, but only from an aircraft. Clients make pur-

chasing decisions after looking down onto the presented model rather than the finished building, New York-based architectural critic Ada Louise Huxtable once remarked caustically.

As time goes by, the gaps and vacant lots of the city will continue to be filled; inner-city parklands which are the product of earlier destruction and of which the people have become so fond will disappear. This development is in line with the concept advocated by Hans Stimmann, the Senate building director, which involves readopting old city structures. For fifty years, these gaps in the cityscape served as a reminder of the horrors of war. Suddenly, old names such as *Hausvogteiplatz* or *Spittelmarkt* – are being put back into the context of an image, now have a meaningful ring to them, albeit that the buildings have been destroyed and their occupants driven away, murdered or killed by bombs. The ongoing construction work in Berlin has its benefits, but also drawbacks. There will no longer be an unimpeded view of Schinkel's neo-Gothic *Friedrichswerdersche Kirche* once construction on the site of the park on which it borders is completed. Formerly the most stunning building in Berlin, Schinkel's *Bauakademie*, damaged in the war and later torn down altogether by the socialist regime, is to be rebuilt – thereby, however, restricting the view. Perspectives will change; architectural showpieces, a beautiful sight to behold when viewed from a distance, will forfeit much of their splendour when taken in at close range from the opposite side of the street.

A panorama camera was set up on *Potsdamer Platz* in 1995 and has since documented construction developments there on a daily basis. This photographic journey in time is available on the Internet. It takes viewers from the wastelands that existed there after the fall of the Wall all the way to the triumph of a city and its people, a people who never yielded to the circumstances of the day. The people either side of the former divide have yet to distance the gap to inner unity, which is why it is all the more important to create a common physical identity. Right now, however, the people of Berlin are still in the process of adapting to the transformation of their city to the seat of national government and to an initially tremendously dizzying pace of life. Berlin is a long way from being "completed", indeed it never will be. The cranes have just disappeared and already there is a renewed desire to embark on new building projects. The time is ripe for high-rise projects, for new landmarks. Plans exist for almost a dozen towers (rising more than 150 metres into the sky) earmarked for *Alexanderplatz*, once the designated city centre and meeting point for Döblin's Franz Biberkopf (the quintessence of a modern city in the 30's). Similar concepts have been created for the inner-city area in the western part of Berlin, in the vicinity of *Kurfürstendamm*. Berlin, an open city, is eager to grow, in the direction of a heaven that is now undivided.

Préface

de Gerd Nowakowski

Berlin, ville ouverte. Maintenant que tout ce qui séparait Berlin dans le passé a été abattu, la vue sur la ville entière est de nouveau dégagée. Nulle part on ne découvre avec autant d'acuité la manière dont s'ordonnent les rues et les places, ce paysage de pierre, que d'en haut, des hublots d'un avion à basse altitude. Le photographe devient pareil à l'ange des «Ailes du désir» «Himmel über Berlin» de Wim Wenders, qui, assis sur la corniche de la dernière maison de la *Potsdamer Platz* déserte, en 1987, songeait avec douleur à la division de la ville ; le photographe est lui chroniqueur d'un miracle. Car jusqu'à la chute du Mur, même le ciel était divisé et chaque regard d'en haut défendu. Après avoir énormément souffert au siècle dernier de la folie nationaliste, une ville se révèle maintenant en passe de devenir une métropole sûre d'elle. Dorénavant, il est possible d'apprécier le trésor réunifié qu'offre la capitale qui, en dépit de toutes les destructions et de la barbarie, a amassé les strates architecturales tel l'arbre les cernes. Encadré, presque protégé par les chefs-d'œuvre de la modernité architecturale classique, s'élève le joyau fragile de la *St.-Matthäus-Kirche* de Friedrich August Stüler. À côté, le cube de verre de la *Neue Nationalgalerie* de Mies van der Rohe, en face la *Staatsbibliothek* et la *Philharmonie*, constructions géniales de Sharoun. Derrière, les façades de la *Potsdamer Platz* s'élancent vers le ciel telles des montagnes. Ce n'est que du haut des airs que l'on peut embrasser d'un regard cette énorme concentration d'époques et de langages de formes. Oublié le moment d'effroi lorsque, pendant l'approche nocturne, la clarté resplendissante de Berlin-Ouest au-dessous de l'avion s'évanouissait brutalement, ne laissant plus que les ténèbres sous les ailes, comme si la ville en bas avait cessé d'exister. Depuis la chute du Mur, ce moment appartient à l'histoire. Quand les avions arrivant à Berlin en provenance de l'ouest virent longuement au-dessus du centre de la ville avant de descendre sur Tegel, ce sont les lumières des deux moitiés de la ville qui illuminent le ciel nocturne. Où est l'Ouest, où est l'Est, où se trouvent le nouveau Berlin, le vieux Berlin ? La cité versatile, lieu de nombreuses villes, ne permet pas aux visiteurs qui ne la connaissent pas de s'orienter facilement.

Berlin s'est réinventé et s'est retrouvé. Le temps des chantiers gigantesques est passé. Plus personne ne s'énivre de projets extravagants, de plans, de béton coulé sous l'eau et de bâtiments en construction. Las depuis longtemps du ballet des grues et du vrombissement des engins de chantier, Berlin s'est paré de bâtiments achevés. Causées par la division et par les horreurs de la guerre, les blessures profondes qui accablaient la ville sont guéries. Le grand bond en avant vers l'architecture contemporaine est accompli. Cela n'allait pas de soi. Plus d'un doutait du succès et de la réussite de l'entreprise lorsque fut présenté le projet de la *Potsdamer Platz*, cette friche qui semblait ne pas vouloir finir au milieu de la ville, cet héritage de la folie fasciste et de la Guerre Froide. La réussite est là. Chaque jour, des milliers de personnes animent les rues entre les bâtiments de Renzo Piano et de Helmut Jahn, entre la tour Debis et le Sony Center. Ce n'est que lorsqu'il est vu des airs que ce gigantesque espace, avec les tours de Piano, dont le volume n'affecte en rien la légèreté méridionale, et l'austère palais de cristal de Jahn, apparaît tel un ensemble de maquettes constitué au hasard.

Triomphe et réussite ambivalente se trouvent parfois étroitement mêlés. «Comment donner à un bloc brut la grâce des formes supérieures de la civilisation ?» se demandait il y a cent ans l'architecte américain Louis Sullivan, résumant la question centrale à laquelle le confrontait la construction de ses légendaires buildings. Le bâtiment en briques longiligne de Hans Kollhoff y est parvenu, qui séduit par sa légèreté et sa grâce en dépit de sa masse. Froide, inadaptée à son site, la tour Sony est par contre moins réussi. Les deux édifices dominent la prestigieuse *Potsdamer Platz* et forment en même temps un trait d'union avec la *Leipziger Platz*, dont l'octogone caractéristique commence à se dessiner. Le progrès urbanistique dévore ses propres symboles: célèbre dans le monde entier, l'Info-Box, qui a attiré neuf millions de visiteurs, a fait son temps et va être démoli.

Berlin se compose de nombreuses villes. Cela n'apparaît jamais aussi clairement que lorsque l'on contemple du haut des airs ce paysage de pierre, d'eau et de forêts aussi étendu que le bassin de la Ruhr. Les vieux bâtiments de l'*Oranienburger Strasse* et du *Hackescher Markt* ont subi une toilette complète. Les anciennes façades lépreuses ont disparu, et avec elles la poussière et l'atmosphère étouffante de la R.D.A. Le vieux et le neuf, ce contraste fait l'intérêt de cette ville, qui arbore avec fierté ses charmes. L'éclat doré du dôme de la synagogue de l'*Oranienburger Strasse* est visible de loin; représentant les meilleures traditions prussiennes, les imposants bâtiments de *Humboldt-Universität* et la *Staatsoper*, à l'architecture déliée, se dressent, solitaires et sereins, le long de *Unter den Linden*. La statue de Karl Friedrich Schinkel a retrouvé sa place et contemple son œuvre monumentale, le *Altes Museum* au *Lustgarten*, avec dans son dos le nouveau Ministère des Affaires étrangères. Le neuf se mélange à l'ancien. Bientôt, le *Zeughaus*, un édifice de style baroque, s'adjoindra un escalier extérieur en verre, qui fera partie de l'annexe conçue par Pei, l'architecte du Louvre.

Vu d'avion, au-dessus des toits qui brillent sous le soleil, on redécouvre avec étonnement le génie des concepteurs de la ville.

L'impressionnante avenue *Unter den Linden*, qui a enfin retrouvé la statue équestre de Frédéric le Grand, est alignée dans l'axe du *Stadtschloss* disparu, faisant ainsi douloureusement ressentir la perte du pivot de cet ensemble unique. Symbole du nouveau Berlin, le dôme du Reichstag se dresse dans le ciel, en arrière-plan de la Pariser Platz. Seule une vue aérienne permet de deviner que la porte du *Brandenburger Tor* était jadis l'entrée de la ville. Derrière elle s'étend le vaste *Tiergarten*, borné au nord par le nouveau quartier gouvernemental. Le bâtiment monumental de la Chancellerie s'élance vers le ciel, comme s'il voulait marquer sa puissance face aux députés du *Reichstag*.

Métropole pleine de vie, Berlin est passé maître dans l'art de la métamorphose. Il faut le voir de l'avion pour s'apercevoir qu'il possède des chefs-d'œuvre de toutes les époques, du château de Charlottenburg, vivant et gai, à la *Shell-Haus*, un bâtiment austère et sobre, récemment restauré à grands frais et situé sur le *Landwehrkanal* à *Schöneberg*. L'étoile de David déchirée du nouveau *Jüdisches Museum* évoque l'histoire de la ville, la maison Ullstein rappelle que Berlin était autrefois le plus grand centre industriel d'Allemagne.

De la cabine, on distingue côte à côte et sans transition façades banales et réalisations harmonieuses. Certains outrages que la ville avait dû supporter après-guerre n'ont pas encore été réparés. Les erreurs ont été commises tant à l'Est qu'à l'Ouest. À l'Ouest, les années cinquante ont vu la démolition d'immeubles d'habitation entiers afin de faciliter la circulation automobile; la lutte contre les «cages à lapins», qui partait d'une bonne intention, a dégénéré en démolitions de quartiers entiers et en construction d'immeubles neufs san âme. Dans la partie est, il y a le remarquable monument de l'ex-*Stalin-Allee*, qui constituait un habitat de qualité, mais qui s'est accompagné de terribles dégradations des bâtiments historiques. Un coup d'œil depuis l'avion permet de constater l'isolement malheureux de la *Marienkirche*, construite au XIIIe siècle, qui subsiste seule sur la gigantesque place non bâtie à côté de la Tour de la télévision. Véritable régal pour les yeux par contre, la plus belle place de Berlin, le *Gendarmenmarkt*, avec le *Schauspielhaus* de Schinkel et les *Deutscher Dom* et *Französischer Dom*.

Symbole du renouveau de l'est de la ville, la nouvelle *Friedrichstrasse* s'émancipe de sa légende. Une longue rue, jadis coupée en deux par le Mur, qui n'a pratiquement laissé aucune trace dans le paysage urbain. Seule une réplique du *Checkpoint Charlie*, jadis point de passage entre l'Est et l'Ouest, témoigne du rôle que la *Friedrichstrasse* a joué dans l'histoire du monde jusqu'à la chute du Mur. Ce symbole de la division du continent relie le sud au nord – autrefois l'ouest à l'est – et s'étend de l'ensemble d'habitation de la *Mehringplatz*, à *Kreuzberg*, une faillite architecturale complète, au *Friedrichstadt-Palast* et au *Berliner Ensemble*, le théâtre où travaillait Bertolt Brecht. Maintenant, la *Friedrichstrasse* se transforme lentement en une magnifique rue commerciale, ce qu'elle ne fut jamais, même pendant les «années folles» dont on parle tant.

Vue des cieux, elle semble bien loin, la controverse acharnée au sujet du réaménagement de la *Friedrichstrasse* – lieu de l'avant-garde architecturale ou bien retour à la «Ville européenne» –, dispute qui divisa la profession au début des années quatre-vingt-dix. Ce sont les représentants de la «Ville européenne» qui se sont imposés et qui ont obtenu que les nouvelles constructions se fassent selon les anciens plans et qu'elles respectent la même hauteur. Un résultat douteux. Le boom de la construction d'après 1989 a donné naissance à des bâtiments gigantesques, dictés par un désir de rentabilité, et qui remplissent des pâtés de maison entiers entre *Leipziger Strasse* et *Unter den Linden*. Pourtant, les bâtiments critiqués ont depuis longtemps été acceptés par leurs utilisateurs et témoignent d'un soin et d'un amour des architectes pour leurs œuvres que l'on ne peut guère deviner de la rue.

Jean Nouvel, le constructeur du palais de verre des Galeries Lafayette, a fait sortir par le toit le gigantesque cône en verre de l'intérieur du magasin, que seuls les oiseaux peuvent admirer. Même le corps rigoureux et très critiqué du *Quartier 206* montre d'en haut des proportions plus fines qui resteront à jamais inaccessibles au promeneur. Le même phénomène se répète dans le centre-ville ouest, tout autour de la *Gedächtniskirche*. La forme caractéristique de la nouvelle Chambre de commerce et d'industrie – surnommée le tatou et très applaudie - n'apparaît pas du trottoir, mais seulement de l'avion. Acerbe, une critique d'architecture de New York, Ada Louise Huxtable, faisait une fois remarquer que les maîtres d'œuvre achètent les moquettes qu'on leur a présentées et non les ouvrages terminés.

La ville va devenir plus dense, tout comme le prévoient les projets du Secrétaire d'Etat, responsable de l'urbanisme, Hans Stimmann, qui aimerait reprendre les vieilles structures urbaines. Les espaces libres entre deux maisons seront comblés, les espaces verts intra-muros, que nous avons appris à aimer, mais qui en fait résultent de destructions, disparaîtront. Pendant cinquante ans, ils ont rappelé les horreurs de la guerre. Les noms anciens – *Hausvogteiplatz, Spittelmarkt* – vont tout à coup retrouver un visage, un son, même si les maisons ont été détruites et leurs habitants chassés, assassinés ou tués sous les bombes. Cette concentration urbanistique va profiter – et en même temps nuire – à Berlin. La *Friedrichswerdersche Kirche* de Schinkel, une église néogothique, sera masquée par les bâtiments qui seront construits sur le parc devant elle. Endommagée par la guerre puis détruite par le pouvoir est-allemand, la *Bauakademie* de Schinkel, jadis le plus bel édifice de la ville, va ressusciter, mais rétrécira l'horizon. Les perspectives changent, des joyaux architecturaux qui séduisent à distance, perdent leurs attraits lorsque l'on s'approche pour les regarder de l'autre côté de la rue.

Depuis 1995, une caméra panoramique surveille la *Potsdamer Platz* et enregistre jour après jour l'avancement des travaux. Cette chronique photographique, qui peut être consultée sur Internet, commence par la friche déserte après la chute du Mur et se termine par le triomphe d'une ville et de ses habitants qui n'ont jamais plié devant les événements. Dix ans après la disparition du Mur, les Berlinois des deux moitiés de la ville sont encore loin de l'unité intérieure, ce qui rend le changement extérieur de la ville d'autant plus important si l'on veut arriver à une identité commune. Actuellement, ils en sont encore à s'habituer à la transformation de la ville en siège du Gouvernement et au rythme très rapide qui leur donnait le vertige au début.

Berlin est loin d'être terminé et ne le sera jamais. À peine les grues de chantier ont-elles disparu que resurgit l'envie de réaliser d'autres projets. À présent, on réfléchit à la construction de nouvelles tours, de nouveaux repères. Pour l'*Alexanderplatz*, jadis place principale de la ville et théâtre du célébre roman d'Alfred Döblin, symbole de la ville moderne dans les années trente, il existe près d'une douzaine de projets de tours de plus de 150 mètres de hauteur. Il en est de même pour le centre-ville ouest, autour du *Kurfürstendamm*. Berlin, ville ouverte, veut aller à la rencontre du ciel, qui n'est plus divisé.

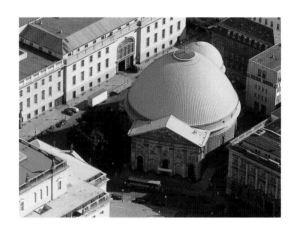

Die Spreeinsel, das historische Zentrum Berlins. Rechts und links der Spree entstanden hier im 13. Jahrhundert die Städte Berlin und Cölln. An der Nordspitze der Insel, wo Spree und Spreekanal wieder zusammen-fließen, bildet heute das Bodemuseum den Abschluss des groß-artigen Museumskomplexes, bestehend aus dem Pergamonmuseum, der Alten Nationalgalerie (mit grünem Dach), dem Neuen Museum und Karl Friedrich Schinkels Altem Museum. Dahinter überragt der Berliner Dom mit seiner weithin sichtbaren Kuppel den Lustgarten. Diesem gegenüber der Schlossplatz und links daneben der Palast der Republik.

Spreeinsel, Berlin's historic centre. The towns of Berlin and Cölln were built here to either side of the Spree River in the 13th century. At the northern-most tip of this isle, where Spree River and Spree Channel conjoin, the Bodemuseum today marks the borderline of this grand museum complex, consisting of the Pergamonmuseum, Alte Nationalgalerie (with its green roof), Neues Museum and Karl Friedrich Schinkel's Altes Museum. This ensemble is set before the backdrop of the Lustgarten and Berliner Dom, with its towering cathedral dome. On the other side of the road: Schlossplatz and, to its left, the Palast der Republik.

La Spreeinsel, le centre historique de Berlin. Sur les rives droite et gauche de la Spree se sont développées ici au XIIIe siècle les villes de Berlin et de Cölln. Situé à la pointe nord de l'île, au confluent de la Spree et du Spreekanal, le Bodemuseum forme aujourd'hui l'extré-mité d'un ensemble magnifique composé du Pergamonmuseum, de la Alte Nationalgalerie (au toit vert), du Neues Museum et du Altes Museum de Karl Friedrich Schinkel. Derrière eux, le Berliner Dom, avec sa coupole visible de loin, surplombe le Lustgarten. En face, la Schlossplatz, avec à gauche le Palast der Republik.

Von Westen aus gesehen, beherrscht die Dreiflügelanlage des 1912-30 errichteten Pergamonmuseums die Museumsinsel. Die in unmittelbarer Nachbarschaft verlaufenden Gleise von S- und Fernbahn bilden eine breite Trennfuge zum nördlich liegenden Bodemuseum und durchschneiden die Innenstadt (rechts im Bild der S-Bahnhof Hackescher Markt). Rechts vom Pergamonmuseum das 1841-55 nach Plänen von Friedrich August Stüler entstandene Neue Museum. Es wird gegenwärtig wieder aufgebaut. Am rechten Bildrand unten das 1706 fertig gestellte Zeughaus, an dessen Nordseite der Erweiterungsbau des Deutschen Historischen Museums nach Entwürfen des Architekten Ieoh Ming Pei entsteht.

Viewed from the west, the three-winged structure of the *Pergamonmuseum*, built in 1912-30, dominates the *Museumsinsel*. The tracks of the local and interstate railway system run directly alongside the building, forming a wide line of division between it and the *Bodemuseum* to its north and cutting into the cityscape (the *Hackescher Markt* station is situated in the right part of the photo). To the right of the *Pergamonmuseum* stands the *Neues Museum*, erected in 1841-55 based on plans drawn up by Friedrich August Stüler and currently being rebuilt. Pictured at the bottom far right is the *Zeughaus*, completed in 1706 and on the northern side of which construction is underway to build an extension to the *Deutsches Historisches Museum*. This project is based on a design by architect Ieoh Ming Pei.

Vu de l'Ouest, le *Pergamonmuseum*, un complexe à trois ailes construit de 1912 à 1930, domine la *Museumsinsel*. Il est séparé du *Bodemuseum* au nord par les voies toutes proches de la *S-Bahn* (train local) et des trains de grandes lignes qui traversent le centre-ville (à droite sur la photo la gare de *S-Bahn Hackescher Markt*). À droite du *Pergamonmuseum*, le *Neues Museum*, construit de 1841 à 1855 selon les plans de Friedrich August Stüler. Il est actuellement en cours de reconstruction. En bas à droite, le *Zeughaus*, achevé en 1706, flanqué sur son côté nord de l'annexe du *Deutsches Historisches Museum*, en cours de construction selon les plans de l'architecte Ieoh Ming Peï.

Der Berliner Dom, flankiert von der Spree auf der einen und dem neu gestalteten Lustgarten auf der anderen Seite. Das 1894-1905 als Hofkirche der protestantischen Hohenzollern errichtete Gebäude wurde im Zweiten Weltkrieg stark zerstört. 1975 begann man mit dem Wiederaufbau, und 1996 fand seine feierliche Einweihung statt. Rechts im Bild der Palast der Republik.

Berliner Dom, flanked by the Spree River on one side and the new-look *Lustgarten* on the other. Built in 1894-1905 to serve the court of the Protestant House of Hohenzollern, this cathedral experienced massive destruction during WW II. 1975 saw the commencement of restoration work, culminating in a ceremonious re-inauguration in 1996. The *Palast der Republik* is pictured to the right.

Le *Berliner Dom*, flanqué de la *Spree* d'un côté et du *Lustgarten* de l'autre. Construit de 1894 à 1905 pour servir d'église officielle à la maison protestante des Hohenzollern, l'édifice a été fortement endommagé pendant la Seconde Guerre Mondiale. Sa restauration a commencé en 1975; son inauguration solennelle a eu lieu en 1996. À droite sur la photo le *Palast der Republik*.

Berlin-Mitte, Oranienburger Straße. Im Zentrum des Bildes die Kuppel der Neuen Synagoge, erbaut 1859-66, wiederhergestellt 1988.
Seit 1995 ist der jüdische Sakralbau Sitz des Centrum Judaicum. Der
repräsentative Backsteinbau an der Ecke Tucholskystraße links wurde
1875-81 als Postfuhramt errichtet, heute dient er unter anderem als
Ausstellungsort.

Berlin-*Mitte*, *Oranienburger Strasse*. Midway along this street: The
dome of the *Neue Synagoge*, built in 1859-66 and restored in 1988.
Since 1995, this Jewish house of worship is home to the *Centrum
Judaicum*. The imposing brick building to the left, at the corner of
Tucholskystrasse, was erected in 1875-81 as a post office building
and today serves, among other things, as a venue for exhibitions.

Berlin-*Mitte, Oranienburger Strasse*. Au centre la coupole de la *Neue
Synagoge,* construite entre 1859 et 1866 et remise en état en 1988.
Depuis 1995, ce lieu de culte juif est le siège du *Centrum Judaicum*.
Érigé de 1875 à 1881 comme hôtel des postes à chevaux, l'imposant
bâtiment en briques situé à l'angle gauche de la *Tucholskystrasse* sert
aujourd'hui entre autres de lieu d'exposition.

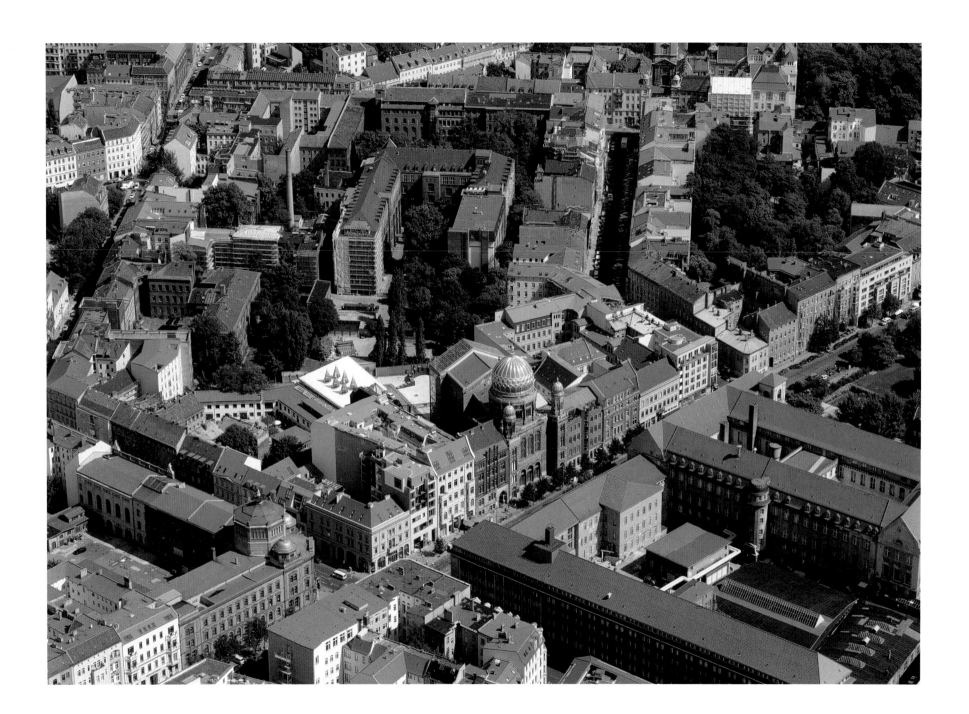

Das Bundesministerium für Auswärtige Angelegenheiten am Werder-schen Markt. Dieser riesige Baukomplex setzt sich zusammen aus dem alten, 1934-40 errichteten Reichsbankgebäude (Bildmitte) und dem kompakten Neubau zur Werder Straße hin (links). Zu DDR-Zeiten befand sich in diesem Bereich die Machtzentrale von Partei und Regierung: Im alten Reichsbankgebäude war das Zentralkomitee der SED untergebracht, und das Haus oberhalb des Neubaus, am linken Bildrand, diente als Sitz des Staatsrats. Vorübergehend resi-diert hier nun der Bundeskanzler. Rechts oben ist eines der Hoch-häuser der Fischerinsel zu erkennen.

The residence of the Federal Ministry for Foreign Affairs on *Werder-scher Markt*. This huge complex of buildings comprises the old edifice of the *Reichsbank* building (pictured at centre), erected in 1934-40, as well as the compact-design new section facing *Werder Strasse* (pictured to the left). During the era of the German Demo-cratic Republic, this district was the seat of power, home to the offices of the ruling party and government. The old *Reichsbank* building accommodated the party's central committee and the building situated beyond the new wing (pictured to the far left) housed the council of state. Germany's chancellor has now taken up temporary residence here. At the top right-hand side, the photo reveals one of the high-rises on *Fischerinsel*.

Le Ministère fédéral des Affaires étrangères sur le *Werderscher Markt*. Cet ensemble géant se compose du vieux bâtiment de la *Reichsbank* (centre de la photo), construit dans les années 1934-40, et d'un nouvel édifice compact qui donne sur la *Werder Strasse* (à gauche). Du temps de la R.D.A., c'est ici que se trouvaient les centres du pouvoir du Parti et du Gouvernment: le Comité central du SED (Parti socialiste unifié d'Allemagne) était installé dans l'ancienne *Reichsbank* et le Conseil d'État résidait dans le bâtiment situé au-dessus du nouveau ministère (visible sur le bord gauche de la photo) et qui sert actuellement de résidence provisoire au Chancelier. En haut à droite, on distingue un des immeubles de la *Fischerinsel*.

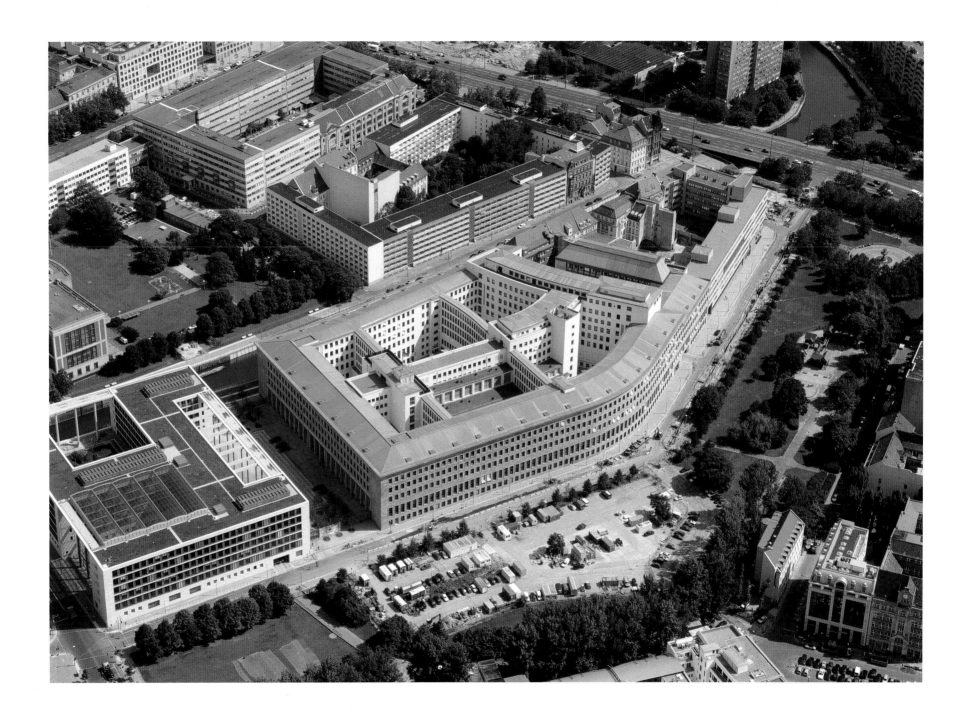

Der Bebelplatz bildete den Mittelpunkt des von Friedrich II. und seinem Baumeister Georg Wenzeslaus von Knobelsdorff geplanten Forum Fridericianum. 1741-42 entstand das Opernhaus an der Ostseite des Platzes, die heutige Staatsoper, dahinter 1740-86 der Kuppelbau für die katholische St.-Hedwigs-Kathedrale. Die Königliche Bibliothek (1775-80), wegen ihrer halbrunden Form auch Kommode genannt, vervollständigt das Ensemble. Östlich der Staatsoper, auf der anderen Seit der Grünanlage, befindet sich das Prinzessinnenpalais mit dem Operncafé, an das sich links das Kronprinzenpalais und rechts Verwaltungsgebäude der Staatsoper anschließen. Die von Karl Friedrich Schinkel 1824-30 errichtete Friedrichswerdersche Kirche aus rotem Backstein beherbergt heute das Schinkelmuseum.

Centred around *Bebelplatz*, the *Forum Fridericianum* was designed by Friedrich II and his master builder Georg Wenzeslaus von Knobelsdorff. The opera house situated on the eastern part of the square was built in 1741-42 and is today the residence of the *Staatsoper*. Behind it, the domed edifice of the Catholic *St.-Hedwigs-Kathedrale*, built in 1740-86. The *Königliche Bibliothek* (1775-80), due to its semi-round form also called "The Commode", rounds off this ensemble. To the east of the *Staatsoper*, at the other side of the green, stands the *Prinzessinnenpalais*, with its *Operncafé*, adjoined by the *Kronprinzenpalais* to its left and the *Staatsoper*'s administrative buildings to the right. The red-brick *Friedrichswerdersche Kirche*, built by Karl Friedrich Schinkel in 1824-30, today houses the *Schinkelmuseum*.

La *Bebelplatz* formait le centre du *Forum Fridericianum* projeté par Frédéric II et son architecte Georg Wenzeslaus von Knobelsdorff. En 1741 et 1742 fut construit sur le côté est de la place un opéra, l'actuel *Staatsoper*, derrière lequel fut édifié de 1740 à 1786 le bâtiment à dôme de la cathédrale catholique *St. Hedwig*. La *Königliche Bibliothek* (1775-80), surnommée la «Commode» à cause de sa forme en demi-cercle, complète l'ensemble. À l'est de la *Staatsoper*, de l'autre côté de la pelouse, se trouve le *Prinzessinnenpalais* avec l'*Operncafé*, prolongé à gauche par le *Kronprinzenpalais* et à droite par les bâtiments administratifs de la *Staatsoper*. Construite en brique rouge par Karl Friedrich Schinkel entre 1824 et 1830, la *Friedrichswerdersche Kirche* abrite aujourd'hui le *Schinkelmuseum*.

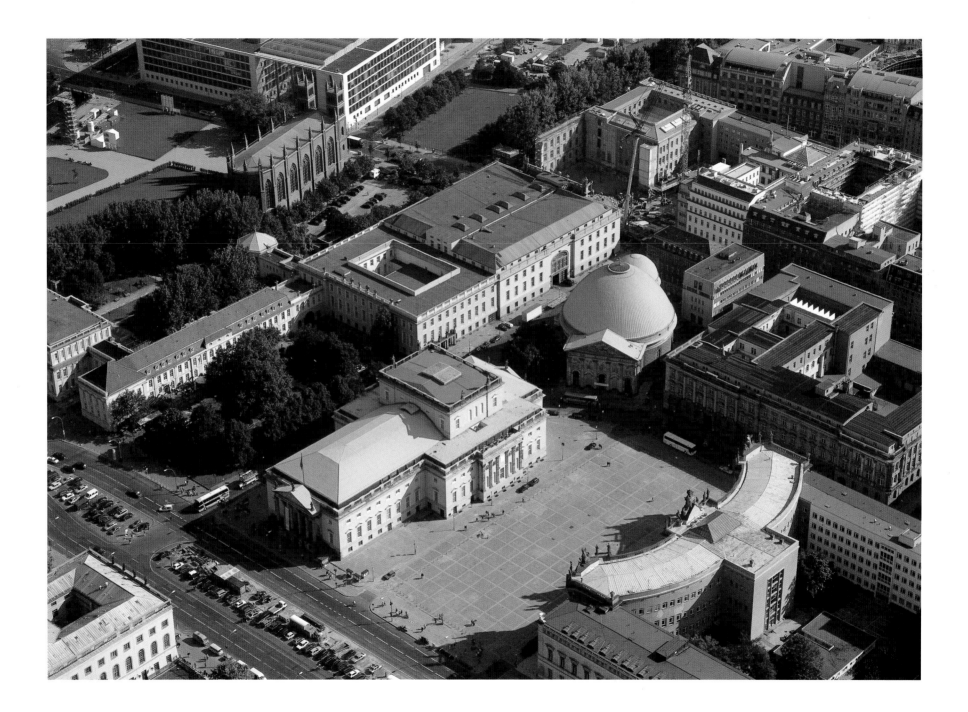

Ein vollkommener Kirchenbau – vergleichbar dem Pantheon in Rom – sollte die Südostecke des Forum Fridericianum krönen. Nach Skizzen Friedrichs II. entstand 1740-86 die katholische Kirche, benannt nach der heiligen Hedwig, der Schutzpatronin des von Friedrich II. eroberten Schlesien. Heute ist die St.-Hedwigs-Kathedrale, die im Zweiten Weltkrieg stark zerstört und 1952-63 wieder aufgebaut wurde, die Bischofskirche des Bistums Berlin.

Friedrich II planned to erect a perfect sacral construction – comparable with the Pantheon in Rome – as a crowning element on the south-eastern corner of the *Forum Fridericianum*. The Catholic church that was built here in 1740-86 based on his sketches, was named after Saint Hedwig, the patron saint of Silesia, a region conquered by Friedrich II. Today, the *St.-Hedwigs-Kathedrale*, having sustained extensive damage during WW II and been rebuilt in 1952-63, is the episcopal cathedral of the diocese of Berlin.

Un édifice sacré parfait, comparable au Panthéon de Rome, devait couronner le coin sud-est du *Forum Fridericianum*. De 1740 à 1786, on y a construit selon des plans de Frédéric II une église catholique portant le nom de sainte Edwige, la patronne de la Silésie conquise par le roi de Prusse. Aujourd'hui, la *St.-Hedwigs-Kathedrale*, gravement endommagée durant la Seconde Guerre mondiale et reconstruite de 1952 à 1963, est l'église épiscopale de l'évêché de Berlin.

Der Gendarmenmarkt, umgeben von den Karrees der einstigen Friedrichstadt. Im Zentrum das 1984 wieder errichtete Schauspielhaus – heute Konzerthaus –, das 1821 nach Plänen von Karl Friedrich Schinkel fertig gestellt wurde. Ihm zur Seite der Französische (links) und der Deutsche Dom (rechts). Die repräsentativen Türme und Vorbauten der einst bescheidenen Kirchen ließ Friedrich II. 1780 von Karl von Gontard errichten.

Gendarmenmarkt, surrounded by the building blocks of the one-time Friedrichstadt. At its centre, the Schauspielhaus, now Konzerthaus, erected again in 1984, the construction of which was completed in 1821 based on a design by Karl Friedrich Schinkel. Positioned to either side stand the Französischer Dom (left) and the Deutscher Dom (right). Friedrich II had Karl von Gontard add the impressive towers and projecting structures of these one-time modest churches in 1780.

Le Gendarmenmarkt, entouré des ensembles de l'ancienne Friedrichstadt. Au centre de la place se trouve la Schauspielhaus, aujourd'hui salle de concert, achevé en 1821 selon les plans de Karl Friedrich Schinkel. Il est encadré par le Französischer Dom (à gauche) et le Deutscher Dom (à droite). Les magnifiques tours et porches de ces églises modestes à l'origine ont été construites en 1780 par Karl von Gontard à la demande de Frédéric II.

Wie eine Schlucht führt die Friedrichstraße an den Fassaden der neuen Quartiere vorbei. Auffallend die runden Öffnungen der Lichthöfe der Friedrichstadtpassagen zwischen Französische und Mohrenstraße mit den Galeries Lafayette, errichtet nach Plänen von Jean Nouvel. Dahinter das Quartier 206 des amerikanischen Architekten Cobb mit dem linsenförmigen Atrium und den spitzwinkligen Erkern. Am oberen Bildrand das Quartier 205 von Oswald Mathias Ungers.

Gorge-like, *Friedrichstrasse* runs along the façades of imposing modern edifices. Of striking design: The round skylight openings of the *Friedrichstadtpassagen* situated between *Französische Strasse* and *Mohrenstrasse* and housing the *Galeries Lafayette* department store (built according to plans by Jean Nouvel). To its rear: *Quartier 206* by American architect Cobb, with its design comprising a lens-shaped atrium and acute-angled bays. At the far top of the photo: *Quartier 205* designed by Oswald Mathias Ungers.

Telle une vallée encaissée, la *Friedrichstrasse* se déroule le long des façades des nouveaux quartiers. On remarque en particulier les ouvertures rondes des cours vitrées des *Friedrichstadtpassagen*, entre *Französische Strasse* et *Mohrenstrasse*, avec les *Galeries Lafayette*, construites selon les plans de Jean Nouvel. Derrière le *Quartier 206* de l'architecte américain Cobb, avec son atrium en forme de lentille et ses encorbellements à angles aigus. En haut de la photo, le *Quartier 205* d'Oswald Mathias Ungers.

Das Brandenburger Tor, erbaut 1789-91 von Karl Gotthard Langhans – Wahrzeichen Berlins, Symbol der Teilung und der Wiederver-
einigung. Hier mündet die Straße Unter den Linden in den Pariser
Platz, um jenseits des Tores in die Straße des 17. Juni überzugehen.
Mit der Wiedererrichtung und Neubebauung des im Zweiten Welt-
krieg stark zerstörten Platzensembles wurde nach 1993 begonnen.
Die von Josef Paul Kleihues entworfenen Gebäude zu beiden Seiten
des Tores, Haus Liebermann und Haus Sommer, sind angelehnt an
die Proportionen der Vorgängerbauten. Rechts das Atriumhaus der
Dresdner Bank, ein Entwurf des Hamburger Architektenbüros von
Gerkan, Marg & Partner, und am linken Bildrand das Gebäude der
DG-Bank des amerikanischen Architekten Frank O. Gehry.

The *Brandenburger Tor*, built by Karl Gotthard Langhans in 1789-91,
is a Berlin landmark and a symbol of both division and reunification.
This is where the boulevard *Unter den Linden* meets *Pariser Platz*
and then goes on, beyond the gate, to become *Strasse des 17. Juni*.
New and re-construction work on the square, the resident buildings
of which were heavily inflicted with damage during WW II, began
in 1993. The buildings to either side of the gate, *Haus Liebermann*
and *Haus Sommer*, were designed by Josef Paul Kleihues and follow
the proportions of predecessor buildings. To the right stands the
atrium building which houses the *Dresdner Bank* (designed by the
Hamburg architectural firm von Gerkan, Marg & Partner); the *DG-
Bank* building pictured to the far left was built by American architect Frank O. Gehry.

La *Brandenburger Tor*, construite de 1789 à 1791 par Karl Gotthard
Langhans, symbole de Berlin et de la division et de la réunification
de l'Allemagne. C'est à cet endroit que l'avenue *Unter den Linden*
débouche dans la *Pariser Platz,* pour devenir au delà de la Porte la
Strasse des 17. Juni. La restauration et le réaménagement de la place
et de ses environs, gravement endommagés pendant la Seconde
Guerre mondiale, ont commencé après 1993. Conçues par Josef
Paul Kleihues, les maisons *Liebermann* et *Sommer* qui encadrent la
Porte rappellent les proportions des anciens bâtiments. À droite,
dotée d'un atrium, la *Dresdner Bank,* œuvre du cabinet d'architectes hambourgeois von Gerkan, Marg & Partner; sur le bord gauche
de la photo, la *DG-Bank* de l'architecte américain Frank O. Gehry.

Das nach Plänen des britischen Architekten Lord Norman Foster umgebaute Reichstagsgebäude mit der verglasten Kuppel. Ihr vor allem ist zu danken, dass das Haus seit seiner Fertigstellung im Jahr 1998 zu den meistbesuchten Sehenswürdigkeiten Berlins gehört. Man hat von dort nicht nur eine phantastische Sicht auf die Stadt, sondern kann auch einen Blick in den Plenarsaal des Bundestags werfen. Der Bau in seiner ursprünglichen Form wurde 1884-94 nach einem Entwurf von Paul Wallot errichtet.

The *Reichstag* building, reconstruction based on a design by British architect Lord Norman Foster. Thanks to its impressive glass dome, this building has been among the most popular Berlin attractions since it was completed in 1998. Not only can visitors enjoy a spectacular view of the city from the dome, but it also offers them a look into the parliament's assembly hall. This building was originally designed by Paul Wallot and built in 1884-94.

Le *Reichstag* avec sa coupole en verre, rénové selon les plans de l'architecte britannique Lord Norman Foster. Depuis l'achèvement des travaux en 1998, la coupole a fait du bâtiment l'une des curiosités les plus visitées de Berlin. Elle offre non seulement un panorama fantastique sur la ville, mais aussi une vue de la salle plénière du *Bundestag*. Le bâtiment d'origine a été construit entre 1884 et 1894 selon des plans de Paul Wallot.

Der Potsdamer Platz – »neue Mitte« von Berlin. Hier verlief einst die Mauer, und hierher pilgerten in den neunziger Jahren Millionen von Touristen zur »größten Baustelle Europas«. Das Gelände besteht hauptsächlich aus dem Sony-Areal im oberen Teil des Bildes und dem DaimlerChrysler-Areal. Das Sony-Gelände mit dem dominierenden Hochhaus und der faszinierenden Dachkonstruktion über der Plaza entstand nach Plänen des Architekten Helmut Jahn. Den Auftakt zum DaimlerChrysler-Areal bildet das dreieckige Hochhaus von Renzo Piano, links daneben das Büro- und Geschäftshaus von Hans Kollhoff in rotem Backstein. Links unten im Bild der lang gestreckte Bau des Musical-Theaters von Renzo Piano und ganz links die 1976 nach Plänen von Hans Scharoun fertig gestellte Staatsbibliothek.

Potsdamer Platz – Berlin's "new centre". Site of the Wall in the days of the Cold War, the 90's saw it turn into "Europe's largest construction site" and an attraction for millions of tourists. *Potsdamer Platz* is predominantly centred around the Sony complex, displayed in the top part of the photo, and the DaimlerChrysler complex. The Sony Center, consisting of the dominating high-rise and a fascinating roof structure suspended over a plaza area, was erected based on a design by architect Helmut Jahn. The DaimlerChrysler complex begins with a triangular high-rise by Renzo Piano, to the left of which stands Hans Kollhoff's red-brick office building. Pictured at the bottom left is the elongated building that houses the *Musical-Theater*, also designed by Renzo Piano, and to the far left the *Staatsbibliothek*, completed in 1976 based on a design by Hans Scharoun.

La *Potsdamer Platz,* «nouveau centre» du Berlin. Coupée jadis par le Mur, elle est devenue dans les années quatre-vingt-dix le «plus grand chantier d'Europe» et a attiré des millions de touristes. L'endroit se compose principalement des espaces Sony (partie supérieure de la photo) et DaimlerChrysler. Dominé par un grand bâtiment et par le remarquable toit qui couvre la Plaza, l'espace Sony est dû à l'architecte Helmut Jahn. À l'entrée de l'espace DaimlerChrysler, on trouve la tour triangulaire de Renzo Piano, avec sur sa gauche l'immeuble administratif et commercial en briques rouges de Hans Kollhoff. En bas à gauche de la photo un bâtiment de forme allongé, le théâtre de comédies musicales de Renzo Piano et à l'extrême gauche la *Staatsbibliothek*, achevée en 1976 selon les plans de Hans Scharoun.

Der nördliche Teil des Kulturforums am Rande des Tiergartens. In der Mitte die Philharmonie von Hans Scharoun, fertig gestellt 1963. Daran schließt sich oben das Musikinstrumenten-Museum an, das Edgar Wisniewski nach einer Ideenskizze Scharouns baute. Rechts der Philharmonie der 1988 eröffnete Kammermusiksaal, ebenfalls von Wisniewski, und darunter das Kunstgewerbemuseum, Teil eines Ensembles von Rolf Gutbrod mit Kupferstichkabinett und Kunstbibliothek aus den achtziger Jahren. Rechts führt die Potsdamer Straße in einem Bogen zum Potsdamer Platz.

The *Kulturforum*, with its northern section, borders *Tiergarten*. The middle-piece of this ensemble is the *Philharmonie*, designed by Hans Scharoun and completed in 1963. Adjoined to it at the top is the *Musikinstrumenten-Museum*, built by Edgar Wisniewski based on a draft sketch by Scharoun. To the right of the *Philharmonie* stands the *Kammermusiksaal*, opened in 1988 and likewise built by Wisniewski. Below that, the *Kunstgewerbemuseum*, part of an ensemble by Rolf Gutbrod including the *Kupferstichkabinett* and the *Kunstbibliothek* built in the 1980's. To the right *Potsdamer Strasse* curves its way to *Potsdamer Platz*.

La partie nord du *Kulturforum* en bordure du *Tiergarten*. Au centre, la *Philharmonie* de Hans Scharoun, achevée en 1963 et prolongée en haut par le *Musikinstrumenten-Museum*, construit par Edgar Wisniewski selon un avant-projet de Scharoun. À droite de la *Philharmonie* se trouve la *Kammermusiksaal*, inaugurée en 1988, également de Wisnieweski. En dessous le *Kunstgewerbemuseum*, élément d'un ensemble de Rolf Gutbrod formé du *Kupferstichkabinett* et de la *Kunstbibliothek* (années quatre-vingt). À droite, la *Potsdamer Strasse* décrit un arc menant à la *Potsdamer Platz*.

Der südliche Teil des Kulturforums. In der Mitte das einzig übrig ge-
bliebene historische Gebäude in dieser Gegend, die 1846 vollendete
St.-Matthäus-Kirche von Friedrich August Stüler. Rechts davon das
quadratische Dach der Neuen Nationalgalerie von Ludwig Mies van
der Rohe, entstanden 1965-68. Unten das Dach der Kunstbibliothek
und des Kupferstichkabinetts mit der sich links anschließenden
Piazetta, die die Verbindung zum Kunstgewerbemuseum bildet und
auch zum Eingang der 1998 eröffneten Gemäldegalerie führt (nicht
mehr im Bild).

The southern section of the *Kulturforum*. At its centre the only remaining historical building in this district – *St.-Matthäus-Kirche* –,
designed by Friedrich August Stüler and completed in 1846. To its
right: The square-roofed *Neue Nationalgalerie*, built in 1965-68 by
Ludwig Mies van der Rohe. Below that the roof of the *Kunstbibliothek* and the *Kupferstichkabinett*, and the *piazetta* adjoining it to
the left, which provides a link to the *Kunstgewerbemuseum* and
leads to the entrance of the *Gemäldegalerie* (not pictured) opened
in 1998.

La partie sud du *Kulturforum*. Au centre, le seul bâtiment historique
subsistant dans ce quartier: l'église *St. Matthäus*, achevée par Friedrich August Stüler en 1846. À sa droite, le toit carré de la *Neue
Nationalgalerie* de Ludwig Mies van der Rohe, construite de 1965 à
1968. En bas le toit de la *Kunstbibliothek* et du *Kupferstichkabinett*
prolongé sur leur gauche par une petite place formant trait d'union
avec le *Kunstgewerbemuseum* et conduisant également à l'entrée
de la *Gemäldegalerie*, inaugurée en 1998 (non visible sur la photo).

Auf dem Moabiter Werder, zwischen Bahngleisen und Spree, entstand Ende der neunziger Jahre dieses Wohnbauprojekt mit der 320 Meter langen »Schlange« von Georg Bumiller und den vier über Eck gestellten Häusern nach dem Entwurf von Müller, Rhode & und Wandert. Dahinter die halbkreisförmige Fortsetzung des Bundeskanzleramtes von der anderen Seite des Flusses; dort ist das Haus der Kulturen der Welt zu erkennen. In den denkmalgeschützten Klinkerbau vorn soll eine Schule einziehen.

This housing project on *Moabiter Werder* was built in the 90's and comprises a 320-metres long snake-like complex, the "Schlange" designed by Georg Bumiller plus four diagonally positioned buildings based on a design by Müller, Rhode & Wandert. It is situated along railway tracks on one side and the Spree River on the other. To its rear stands the semi-circular extension to that part of the Federal Chancellery building situated on the other side of the river (where the *Haus der Kulturen der Welt* is discernible). The clinker building in front of it, declared a heritage site, has been designated for use as a school.

Ce projet d'immeubles résidentiels, avec le «serpent» de 320 mètres de long conçu par Georg Bumiller et les quatre maisons d'angle imaginées par Müller, Rhode & Wandert, a été réalisé sur le *Moabiter Werder,* entre la voie ferrée et la *Spree,* à la fin des années quatre-vingt-dix. Derrière, le prolongement en forme demi-circulaire du *Bundeskanzleramt,* à cheval sur la *Spree.* Sur la rive droite se trouve la *Haus der Kulturen der Welt.* Devant s'élève un bâtiment en clinker, classé monument historique, où l'on a prévu de loger une école.

Das Haus der Kulturen der Welt an der Nordseite des Tiergartens, gegenüber dem Moabiter Werder. Die einstige Kongresshalle entstand 1956-57 im Rahmen der Internationalen Bauausstellung, der »Interbau 1957«, als Beitrag der USA. Die kühne, nur auf zwei Punkten lagernde Dachkonstruktion stürzte 1980 ein, beim Wiederaufbau wurde der Konstruktionsfehler behoben. Henry Moores Skulptur »Butterfly«, im Bild oberhalb der Treppe, steht dort seit 1987. Unten links das Dach des Carillons mit dem größten Glockenspiel Europas, gestiftet von der Daimler-Benz AG im Jahr 1987 anlässlich des 750-jährigen Stadtjubiläums von Berlin.

The *Haus der Kulturen der Welt*, located in the northern part of *Tiergarten*, across from *Moabiter Werder*. Formerly the *Kongresshalle*, it was built in 1956-57 as the US contribution to an international building exhibition – "Interbau 1957". Its bold roof structure, supported by no more than two points of the building, collapsed in 1980. The construction fault that caused the collapse was remedied during reconstruction. Henry Moore's "Butterfly" sculpture, pictured beyond the staircase, has been resident on this spot since 1987. The bottom left part of the photo displays the roof of the Carillon, the largest of its kind in Europe, which Daimler-Benz AG donated to the city in 1987 on the occasion of Berlin's 750th anniversary.

Dans le nord du *Tiergarten*, face au *Moabiter Werder*, la *Haus der Kulturen der Welt*. Construit en 1956-57, l'ancien palais des congrès était la contribution des États-Unis à l'Exposition internationale d'architecture «Interbau 1957». Son toit de conception audacieuse, qui ne reposait que sur deux points, s'est effondré en 1980; le vice de construction a été éliminé lors de la reconstruction. La sculpture «Butterfly» de Henry Moore (en haut de l'escalier sur la photo) y est exposé depuis 1987. En bas à gauche le toit du *Carillon,* le plus grand carillon européen, offert par la Daimler-Benz AG en 1987 à l'occasion du 750e anniversaire de la ville.

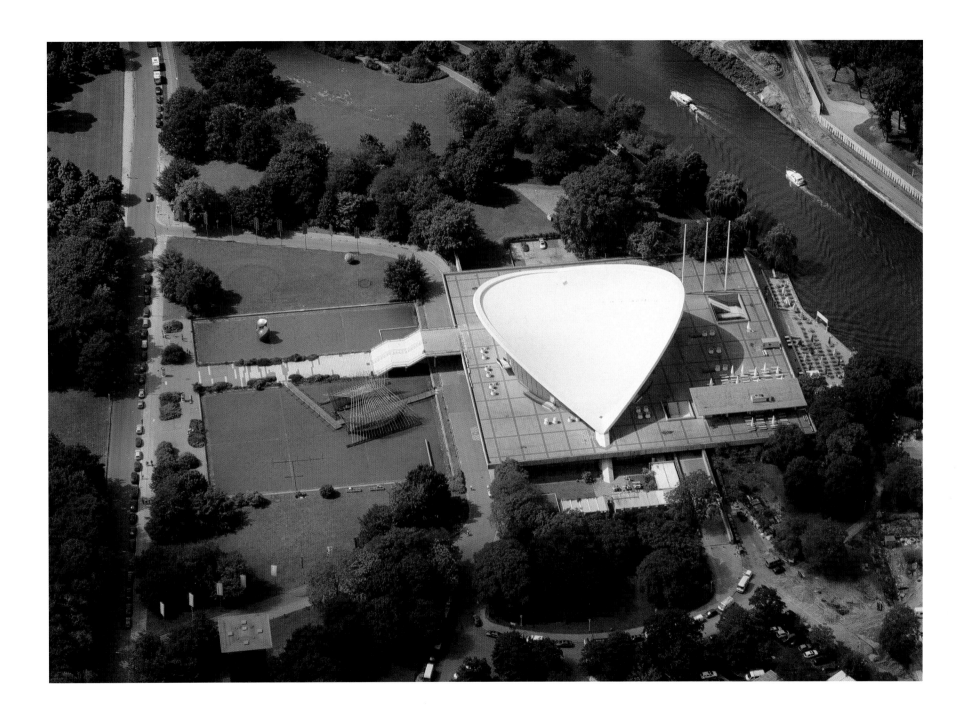

Schloss Bellevue, Blick auf die Gartenseite des Schlosses am Nordrand des Tiergartens. Das Gebäude, seit 1993 Hauptsitz des Bundespräsidenten, ließ August Ferdinand von Preußen, der jüngste Bruder Friedrichs II., 1785 von Philipp Daniel Boumann errichten. Links die Spree und vor dem Schloss vorbeiführend der Spreeweg.

Schloss Bellevue, with a view onto the palace's garden grounds bordering the northern part of the *Tiergarten*. Since 1993, this is the main residence of Germany's president. August Ferdinand of Prussia, youngest brother to Friedrich II, commissioned the building of the palace to Philipp Daniel Boumann in 1785. To the left of the Spree River, and passing the castle, lies the *Spreeweg*.

Schloss Bellevue, vue sur le côté jardin du château en bordure nord du *Tiergarten*. Cet édifice, depuis 1993 résidence du Président de la République fédérale, a été bâti en 1785 par l'architecte Philipp Daniel Boumann sur commande du frère cadet de Frédéric II, August Ferdinand de Prusse. À gauche la *Spree* et devant le château le *Spreeweg*.

Um die Siegessäule am Großen Stern im Tiergarten fließt der Verkehr von Nord nach Süd und von Ost nach West. 1873 wurde das Wahrzeichen Berlins auf dem ehemaligen Königsplatz von Kaiser Wilhelm I. eingeweiht. Gekrönt von der Siegesgöttin Viktoria von Friedrich Drake, sollte es an die so genannten Einigungskriege gegen Dänemark (1864), Österreich (1866) und Frankreich (1870-71) erinnern. Im Zusammenhang mit den Plänen der Neugestaltung Berlins zur »Welthauptstadt Germania« wurde das Denkmal 1939 von seinem Standort vor dem Reichstag hierher umgesetzt. Von der Aussichtsplattform bietet sich ein großartiger Blick über die gesamte Stadt.

At the centre of the *Grosser Stern* roundabout in *Tiergarten* stands the *Siegessäule* column, around which junction flows the traffic from north to south and east to west. This landmark of Berlin was originally inaugurated by emperor Wilhelm I at the site of the former *Königsplatz* in 1873. The victory goddess Victoria by Friedrich Drake crowns the memorial column which was positioned there in remembrance of the so-called unification wars fought against Denmark (1864), Austria (1866) and France (1870-71). As part of the Nazi's plans to redesign Berlin with a view to its becoming the "World Capital Germania", the memorial was moved in 1939 from the position it held before the *Reichstag* to its current location. From the vantage point of its lookout platform, it offers visitors a magnificent view over the entire city.

La *Grosser Stern*, avec en son centre la *Siegessäule*, est le carrefour de circulation nord-sud et est-ouest. Symbole de Berlin, la colonne a été inaugurée en 1873 par l'empereur Guillaume Ier sur l'ancienne *Königsplatz*. Surmontée par la statue de la déesse de la Victoire de Friedrich Drake, elle devait rappeler le souvenir des «guerres d'unification» contre le Danemark (1864), l'Autriche (1866) et la France (1870-71). Dans le cadre des projets de transformation de Berlin en une «capitale mondiale Germania», le monument a été transféré en 1939 du parvis du *Reichstag* à la place du *Grosser Stern*. Sa plateforme panoramique offre une superbe vue sur la ville.

Das Tiergarten-Dreieck, früher Klingelhöfer Dreieck genannt, ist erst in den letzten Jahren mit exklusiven Wohn- und Geschäftshäusern sowie Botschaften bebaut worden. Wie ein Eisbrecher scheint im Süden das Gebäude der CDU-Bundesgeschäftsstelle die Brücke über den Landwehrkanal durchbrechen zu wollen. Oben, an der Grenze zum Tiergarten, der interessante Komplex der Nordischen Botschaften. Jenseits der Klingelhöferstraße (rechts) befindet sich das Gebäude der Konrad-Adenauer-Stiftung (ganz rechts oben); jenseits der Stülerstraße (links) die von Rob Krier zur IBA 1987 errichteten Wohnhäuser.

The triangle of *Tiergarten*, formerly *Klingelhöfer Dreieck*, has only recently been developed to accommodate exclusive residential and office buildings and embassies. To the south, the headquarters of the Christian Democratic Union (CDU) building gives the appearance of an icebreaker intent on cutting through the bridge that spans the *Landwehrkanal*. Beyond that, bordering the *Tiergarten*, lies the complex that houses the Scandinavian embassies. Beyond *Klingelhöferstrasse* (right): the Konrad Adenauer Foundation (on the far right); and beyond *Stülerstrasse* (left): the residential housing complex built by Rob Krier on the occasion of the IBA 1987.

Les immeubles résidentiels et commerciaux haut de gamme ainsi que les ambassades qui occupent le triangle du *Tiergarten*, appelé autrefois *Klingelhöfer Dreieck*, ne datent que des dernières années. Au sud, le bâtiment du secrétariat fédéral de la CDU semble, tel un brise-glace, vouloir rompre le pont du *Landwehrkanal*. En haut, à la limite du *Tiergarten*, l'intéressant complexe des ambassades nordiques. De l'autre côté de la *Klingelhöferstrasse* (à droite) se trouvent les locaux de la fondation Konrad Adenauer (tout en haut à droit). Au delà de la *Stühlerstrasse* (à gauche) les immeubles résidentiels construits par Rob Krier à l'occasion de l'IBA 1987.

U-Bahnhof Wittenbergplatz, umschlossen von den nördlichen und südlichen Fahrbahnen der Tauentzienstraße. Der Bahnhof, gebaut nach Entwürfen von Alfred Grenander, wurde mit der ersten Berliner U-Bahnlinie im Jahr 1902 eingeweiht. 1980 wurde er aufwendig restauriert und unter Denkmalschutz gestellt. Seit 1995 ist er Durchgangsbahnhof für die Linie 1 und die Linie 2, die wieder bis nach Pankow fährt.

Wittenbergplatz underground station. Nestled between the north and south-bound lanes of *Tauentzienstrasse*, this station was designed by Alfred Grenander and opened in 1902 as part of the first underground line in Berlin. It was declared a heritage site in 1980 and elaborately restored. Since 1995, it is a through station for lines 1 and 2, the latter of which, today, again leads all the way to *Pankow*.

La station de métro *Wittenbergplatz,* entourée des voies nord et sud de la *Tauentzienstrasse.* Construite selon des plans d'Alfred Grenander, elle a été inaugurée en 1902 avec la première ligne de métro de Berlin. En 1980, elle a été classée monument historique et restaurée à grands frais. Depuis 1995, elle assure la correspondance entre la ligne 1 et la ligne 2, dont la gare terminus est à nouveau Pankow.

Sie symbolisieren das Zentrum West-Berlins: die im Krieg stark zerstörte und Anfang der sechziger Jahre von Egon Eiermann neu gestaltete Kaiser-Wilhelm-Gedächtniskirche, das Europa-Center mit dem weithin leuchtenden Mercedes-Stern und der Breitscheidplatz mit dem Brunnen von Joachim Schmettau, dem so genannten Wasserklops. Nördlich davon das lang gestreckte »Bikinihaus« und dahinter der Zoologische Garten. Südlich des Platzes geht der Kurfürstendamm in die Tauentzienstraße über.

They symbolize western Berlin's city centre: *Kaiser-Wilhelm-Gedächtniskirche*, heavily damaged during the war, and a modern new extension added by Egon Eiermann in the 60's; *Europa-Center*, with the illuminating Mercedes star emblem perched atop of it; and *Breitscheidplatz*, centred around Joachim Schmettau's fountain, the so-called *Wasserklops* (or "Meatball Fountain"). To its north, the elongated "Bikinihaus" and, behind it, *Zoologischer Garten*. To the south of *Breitscheidplatz*, *Kurfürstendamm* meets *Tauentzienstrasse*.

Ils symbolisent le centre de Berlin-Ouest: la *Kaiser-Wilhelm-Gedächtniskirche,* détruite pendant la guerre et reconstruite au début des années soixante par Egon Eiermann; l'*Europa-Center*, surmonté de l'étoile lumineuse de Mercedes et la *Breitscheidplatz* avec la fontaine de Joachim Schmettau, surnommée *Wasserklops*. Au nord le bâtiment allongé de la «Bikinihaus» et derrière le *Zoologischer Garten*. Au sud de la place le *Kurfürstendamm* aboutit dans la *Tauentzienstrasse*.

Der Zoo-Palast, bis zum Jahr 2000 Hauptveranstaltungsort der Berliner Filmfestspiele, ist Bestandteil des »Zentrums am Zoo«. Es wurde Mitte der fünfziger Jahre errichtet und umfasst außerdem das Hochhaus am Hardenbergplatz (links), das lang gestreckte »Bikinihaus« und ein, hier nicht zu sehendes, achtstöckiges Hochhaus rechts davon. Hinter den Gebäuden befindet sich das Gelände des Zoologischen Gartens.

The *Zoo-Palast* cinema complex, until 2000 the venue of the Berlin Film Festival, is part of the "Zentrum am Zoo". It was built in the mid-50's and also comprises the high-rise on *Hardenbergplatz* (to the left), the "Bikinihaus" and an eight-storey building to the right (not captured in this photo). *Zoologischer Garten* spreads out to the rear of these buildings.

Le *Zoo-Palast*, haut lieu du Festival de cinéma de Berlin, fait partie du «Zentrum am Zoo». Ce dernier a vu le jour au milieu des années cinquante et comprend en outre le *Hochhaus am Hardenbergplatz* (à gauche), la «Bikinihaus» (bâtiment allongé) et, sur sa droite, un immeuble de huit étages, invisible sur la photo. Derrière ces bâtiments se trouve le *Zoologischer Garten*.

Erst der Blick von oben lässt erkennen, warum der 1998 fertig gestellte Bau in der Fasanenstraße »Gürteltier« genannt wird. Das Ludwig-Erhard-Haus entstand nach Plänen des britischen Architekten Nicholas Grimshaw für die Industrie- und Handelskammer Berlin. Dahinter das Theater des Westens an der Kantstraße.

It is only the view from above that enables us to discern why the new building on *Fasanenstrasse*, completed in 1998, is known as "Armadillo". The *Ludwig-Erhard-Haus* (its official name) was built for the Berlin Chamber of Industry and Commerce based on a design by architect Nicholas Grimshaw. Behind it, on *Kantstrasse*, stands the *Theater des Westens*.

Seule une vue aérienne permet de comprendre pourquoi ce bâtiment terminé en 1998 est surnommé le «tatou». Destinée à la Chambre de commerce et d'industrie de Berlin, la *Ludwig-Erhard-Haus* est due aux plans de l'architecte britannique Nicholas Grimshaw. Derrière, le *Theater des Westens* dans la *Kantstrasse*.

Die Untersuchungshaftanstalt Moabit an der Ecke Alt-Moabit/
Rathenower Straße. Der 1877 errichtete sternförmig angeordnete
Bau mit zentraler Kuppelhalle erlaubte eine optimale Überwachung
der Gefangenen, er wird bis heute genutzt. Zwei Häuserreihen
dahinter, an der Turmstraße, der kompakte Bau des 1905 errichteten Kriminalgerichts.

The remand-prison building in *Moabit*, on the corner of *Alt-Moabit*
and *Rathenower Strasse*. This star-shaped edifice, with a copula
structure at its centre, was built in 1877. Still in use to this day, its
design is ideally suited to monitoring the inmates. Two rows of
houses to the rear, on *Turmstrasse*, stands the compact-structure
building of the criminal court, built in 1905.

La maison d'arrêt de Moabit, à l'angle *Alt-Moabit/Rathenower
Strasse*. Ce bâtiment en forme d'étoile articulé autour d'un hall à
coupole permettait une surveillance optimale des prisonniers et est
encore utilisé actuellement. Deux rangées de maisons derrière, dans
la *Turmstrasse*, se trouve la cour de justice criminelle, un bâtiment
compact construit en 1905.

Das Areal am nördlichen Spreeufer, zwischen Stromstraße (links), Kirchstraße (rechts) und dem von Bäumen bestandenen Streifen Alt-Moabit, gehört zu den Vorzeigeobjekten der »Umnutzung« brachliegender industrieller Produktionsstätten zu modernen Dienstleistungsflächen. Links die Blöcke des »Gründerzentrums« für Technologiefirmen, daneben das Gebäude der ehemaligen Bolle Meierei mit Einzelhandelsgeschäften und Hotel. In den U-förmigen, zur Spree hin geöffneten Büroneubau zog 1996 das Bundesinnenministerium.

The area on the northern-most banks of the Spree, situated between *Stromstrasse* (left), *Kirchstrasse* (right) and tree-lined *Alt-Moabit*, is a fine example of how a disused industrial site can be brought to new effective life by re-designating it a commercial facility for service providers. Pictured to the left are the blocks of the "Gründerzentrum" entrepreneurial complex for technology-based enterprises. Next door, the former *Bolle Meierei* building, once a site for dairy production, now houses retail stores and a hotel. The Federal Ministry for Internal Affairs has occupied since 1996 the U-shaped office building that faces the Spree River.

La zone au bord nord de la *Spree*, entre *Stromstrasse* (à gauche), *Kirchstrasse (*à droite) et la bande de terrain plantée d'arbres de *Alt-Moabit* fait partie des projets les plus ambitieux de «reconversion» des friches industrielles en centres de prestation de services modernes. À gauche les blocs du «Gründerzentrum» pour entreprises de technologie, et à côté le bâtiment de l'ancienne laiterie *Bolle* avec des magasins de détail et un hôtel. En 1996, le Ministère fédéral de l'Intérieur s'est installé dans le nouvel immeuble de bureaux en forme d'un U, ouvert sur la *Spree*.

Zwischen dem Ufer des nördlichen Spreebogens in Moabit und dem Bogen der Pascalstraße fällt der zum Fluss hin geöffnete Rundbau aus den achtziger Jahren ins Auge. Der Gebäudekomplex beherbergt Abteilungen der Grundlagenforschung der Technischen Universität Berlin und des Fraunhofer-Instituts. Im Zentrum die 14 Meter hohe, rundum verglaste Versuchshalle.

Situated between the banks of the Spree's northern bend in *Moabit* and the bend in *Pascalstrasse*, the 80's rotunda-style building, with an open section facing the river, is a conspicuous sight. This building complex is jointly used by some of the basic research departments of the Technical University and the *Fraunhofer-Institut*. At its centre: the testing facility, 14 metres high and totally glassed-in.

Situé entre la rive du coude nord de la *Spree* à *Moabit* et l'arc de la *Pascalstrasse*, le bâtiment rond qui donne sur la rivière et qui date des années quatre-vingt est particulièrement remarquable. Le complexe abrite le service de la recherche fondamentale de l'Université Technique de Berlin et de l'Institut *Fraunhofer*. Au centre, le hall d'expérimentation entièrement vitré, d'une hauteur de 14 mètres.

Schloss Charlottenburg, das einzige noch erhaltene größere Hohenzollernschloss Berlins. Begonnen wurde mit dem Bau der barocken Schlossanlage 1695 in einer damals ländlichen Umgebung unweit des Dorfes Lietzow – vom Stadtschloss aus gut auch per Schiff über die Spree zu erreichen. Als die Schlossherrin Sophie Charlotte, Kurfürstin und ab 1701 Königin in Preußen, im Jahr 1705 starb, erhielt Schloss Lietzenburg den Namen Charlottenburg, der später auch zum Namen der Stadt beziehungsweise des Stadtbezirks wurde.

Schloss Charlottenburg, the only castle of the House of Hohenzollern of any mentionable size which has been preserved in Berlin. Building work on the baroque palace complex began in 1695. At the time, the site was surrounded by countryside, the village of *Lietzow* in close proximity and easily reached by boat across the Spree River. When the lady of the castle, Sophie Charlotte (electress and Queen of Prussia as of 1701) died in 1705, the castle, originally named *Schloss Lietzenburg*, was renamed *Charlottenburg* – a name later also used for the town and, later still, the inner-city district it became.

Le *Schloss Charlottenburg* est l'unique château encore conservé des Hohenzollern. La construction de ce château baroque a été commencé en 1695 dans les environs champêtres du petit village de Lietzow, que l'on pouvait aussi atteindre facilement par la *Spree* depuis le château en ville. À la mort en 1705 de la maîtresse des lieux, Sophie Charlotte, princesse électrice et depuis 1701 reine de Prusse, le château de Lietzenburg recevait le nom de Charlottenburg, qui, plus tard, devenait aussi le nom de la ville voire de l'arrondissement.

Der Flughafen Tegel, noch immer der wichtigste Flughafen der Stadt, entstand 1948-49 während der Berliner Blockade auf einem Schießplatz im ehemaligen französischen Sektor. Die Anlage mit den sechseckig angeordneten Flugsteigen wurde 1969-74 nach Plänen der Architekten Meinhard von Gerkan, Volkwin Marg und Klaus Nickels errichtet.

Tegel Airport is still Berlin's most prominent airport. Originally established on the site of a shooting range in the former French sector during the Berlin Blockade of 1948-49, today's hexagonal complex, built in 1969-74, is based on a design by the architects Meinhard von Gerkan, Volkwin Marg and Klaus Nickels.

L'aéroport de *Tegel*, qui est toujours le plus important de la ville, a été aménagé sur un champ de tir dans l'ancien secteur français en 1948-49, pendant le blocus de Berlin. L'aérogare en forme hexagonale a été construite entre 1969 et 1974 selon les plans des architectes Meinhard von Gerkan, Volkwin Marg et Klaus Nickels.

Mit seinem riesigen Kühlturm liegt Reuter West, eines der drei von
der BEWAG in Spandau betriebenen Heizkraftwerke, an der Spree.
Im Hintergrund, jenseits der Nonnendammallee, der Spandauer
Ortsteil Haselhorst.

The *Reuter West* power plant, one of three maintained in *Spandau*
by the power supplier BEWAG, is situated along the river Spree,
its huge cooling tower set before the backdrop of the suburb of
Haselhorst (part of the district of *Spandau*) on the opposite side
of *Nonnendammallee*.

Avec sa gigantesque tour de refroidissement, *Reuter West*, l'une
des trois centrales thermiques exploitées par la BEWAG à Spandau,
est située on bord de la *Spree*. En arrière-plan, de l'autre côté de
la *Nonnendammallee*, le quartier *Haselhorst* de *Spandau*.

Das Westhafengelände im Norden von Moabit. Links münden Hohenzollernkanal und Westhafenkanal in den Berlin-Spandauer-Schiff-
fahrtskanal. Die drei Hafenbecken, das längste ist 635 Meter lang,
wurden in den Jahren 1914-23 und 1924-27 angelegt. Aus dieser
Zeit stammen auch die alten Speicherhäuser und das Verwaltungsgebäude der BEHALA. Links unten, diagonal im Bild, die Ausläufer
der Stadtautobahn und links oben die Anlage des Virchow-Kranken-
hauses.

The *Westhafen* dock facility in *Moabit*'s north, to the left of which
the *Hohenzollernkanal* and *Westhafenkanal* flow into the *Berlin-
Spandauer-Schifffahrtskanal*. Its three wet docks (the longest of
which spans 635 metres) were built in the years 1914-23 and in the
years 1924-27. It is from this era that the old warehouse buildings
and the *BEHALA* administration block also originate. In the bottom
left part of the photo (diagonally positioned) we can see the end
section of the city freeway, and in the top left part the *Virchow-
Krankenhaus* complex.

Le *Westhafen* au nord de Moabit. À gauche, le *Hohenzollernkanal*
et le *Westhafenkanal* se jettent dans le *Berlin-Spandauer-Schifffahrts-
kanal*. Les trois bassins portuaires, dont le plus long fait 635 mètres,
ont été aménagés dans les années 1914-23 et 1924-27. De ce temps
datent également les vieux silos et le bâtiment administratif de la
BEHALA. En bas à gauche et en diagonale, le tronçon final de l'autoroute municipale et en haut à gauche l'hôpital *Virchow*.

Mit seinen 365 Metern Höhe dominiert der 1965-69 errichtete Fernsehturm das einstige Zentrum Ost-Berlins und überragt die Türme der Marien-Kirche, des Roten Rathauses, des Stadthauses und der Nicolai-Kirche (von links). Jenseits des S-Bahnhofs der Alexanderplatz mit dem Turm des Forum-Hotels. Den Auftakt zur sozialistischen Stadtbebauung bildet das ehemalige »Haus des Lehrers« mit der benachbarten Kongresshalle und der bunten Bauchbinde von Walter Womacka. Links kann man den Verlauf der am Strausberger Platz beginnenden alten Karl-Marx-Allee (einst Stalinallee) verfolgen. In der Mitte die Bahngleise mit dem Ostbahnhof und rechts die Spree mit Oberbaumbrücke und den »Treptowers« im Hintergrund.

365 metres high, the television tower, built in 1965-69, dominates the former centre of East Berlin, surging far above the peaks of (from left) the *Marien-Kirche*, *Rotes Rathaus*, *Stadthaus*, *Nicolai-Kirche*. Beyond the train station: *Alexanderplatz* and the tower of Hotel *Forum*. The first projects to bear the mark of the socialist concept of urban architecture were the *Haus des Lehrers*, the neighbouring *Kongresshalle* and the colourful *Bauchbinde* designed by Walter Womacka. To the left, the photo depicts the course of *Karl-Marx-Allee* (formerly *Stalinallee*), a broad boulevard which commences from *Strausberger Platz*. Pictured in the centre part of the photo are the railway tracks and *Ostbahnhof* station, to the right the Spree with the *Oberbaumbrücke* bridge and the *Treptowers* in the background.

Avec une hauteur de 365 mètres, la Tour de télévision érigée dans les années 1965 à 1969 domine l'ancien centre de Berlin-Est et dépasse largement les tours de la *Marienkirche*, du *Rotes Rathaus,* de la *Stadthaus* et de la *Nicolai-Kirche* (de gauche à droite). De l'autre côté de la station de *S-Bahn* se trouve l'*Alexanderplatz* avec la tour de l'hôtel *Forum*. Le premier bâtiment de l'ensemble architectural socialiste est l'ancienne *Haus des Lehrers* avec la *Kongresshalle* voisin et la ceinture multicolore de Walter Womacka. À gauche, on peut suivre le tracé de la vieille *Karl-Marx-Allee* (ex *Stalinallee*), qui commence à la *Strausberger Platz*. Au centre, la voie ferrée et la *Ostbahnhof*, à droite la *Spree* avec la *Oberbaumbrücke* et les *Treptowers* en arrière-plan.

Die beiden Turmbauten am Frankfurter Tor, errichtet 1957-60 nach
Plänen Hermann Henselmanns, bilden den östlichen Abschluss der
Karl-Marx-Allee. Auf der Nordseite der Allee das nur zwei Jahre spä-
ter fertig gestellte Filmtheater »Kosmos«, das Ende der neunziger
Jahre behutsam neu gestaltet wurde. Rechts oben der Bersarinplatz.

At the eastern end of *Karl-Marx-Allee*: The two tower buildings on
Frankfurter Tor, built in 1957-60 by Hermann Henselmann. On the
northern end of this boulevard: The *Kosmos* cinema, built only two
years later and carefully redesigned in the late 90's. In the top right
section of the photo: *Bersarinplatz*.

Les deux tours de la *Frankfurter Tor,* construites dans les années
1957 à 1960 selon des plans de Hermann Henselmann, constituent
l'extrémité est de la *Karl-Marx-Allee*. Sur le côté nord de l'avenue
se trouve le cinéma *Kosmos*, terminé seulement deux ans plus tard
et réaménagé avec beaucoup de soin à la fin des années quatre-
vingt-dix. En haut à droite, la *Bersarinplatz*.

Zu den höchsten Gebäuden Berlins gehört seit jüngster Zeit der Büroturm unmittelbar an der Spree in Treptow, wo sich zu DDR-Zeiten die Elektro-Apparate-Werke Treptow (EAW) befanden. Ein Teil wurde abgerissen, die Backsteinbauten aus den dreißiger Jahren wurden in das neue Dienstleistungszentrum »Treptowers« integriert. Zu dem Neubaukomplex gehören auch Wohnbauten. Auf dem gegenüberliegenden Ufer der Spree die alten Anlagen des Osthafens und rechts hinter der Elsenbrücke das neue Wohngebiet auf der Halbinsel Stralau. Auf dem Wasser weithin sichtbar die 30 Meter hohen Figuren des amerikanischen Künstlers Jonathan Borofsky.

The new office tower on the banks of the Spree River in *Treptow* is among the highest buildings in Berlin. This was the site of the *Elektro-Apparate-Werke (EAW)* plant during the days of the socialist regime of the German Democratic Republic. Some parts of the plant grounds were torn down, but the 1930's brick buildings were incorporated into the new design for *Treptowers*. The complex of new buildings on this site also includes residential housing blocks. On the opposite banks of the Spree stand the old dock facilities of the *Osthafen* and, to the right, behind the *Elsenbrücke*, the new residential area on the peninsula of *Stralau*. The 30-metres high statues created by American artist Jonathan Borofsky can easily be seen from afar on the water.

Parmi les bâtiments les plus grands de Berlin, on compte depuis peu une tour à bureaux située directement au bord de la *Spree* à *Treptow,* où se trouvaient au temps de la R.D.A. les usines des *Elektro-Apparate-Werke Treptow (EAW)*. Une partie a été démolie, les bâtiments en brique datant des années trente ont été intégrés au nouveau centre de services *Treptowers*. Le nouveau complexe compte également des immeubles résidentiels. Sur la rive opposée de la *Spree*, les vieilles installations portuaires du *Osthafen* et à droite derrière la *Elsenbrücke* la nouvelle zone résidentielle de la presqu'île de *Stralau*. Sur l'eau, visible au loin, les statues de trente mètres de haut de l'artiste américain Jonathan Borofsky.

Noch ganz junge Apfelbäume umgeben die beiden Hallen, die in die Erde eingegraben zu sein scheinen: das runde Velodrom und die quadratische Schwimmsporthalle. Nichts an diesen Sportanlagen unweit des S-Bahnhofs Landsberger Allee erinnert noch an die Werner-Seelenbinder-Halle, die zu DDR-Zeiten hier stand.

Fledgling apple trees surround these two buildings that look almost as though they have been sunk into the ground: the round *Velodrom* and the quadrangle *Schwimmsporthalle*. Nothing about these sporting facilities (located in close proximity to the *Landsberger Allee* train station) is even vaguely reminiscent of the *Werner-Seelenbinder-Halle* that stood here in the days of the socialist regime.

Des pommiers encore tout jeunes entourent deux salles qui semblent enfouies dans la terre: le vélodrome, un bâtiment rond, et la piscine, de forme carrée. Rien de ces installations situées non loin de la gare de la *S-Bahn Landsberger Allee* ne rappelle la *Werner-Seelenbinder-Halle* qui s'y trouvait au temps de la R.D.A.

Vom Anhalter Bahnhof am Askanischen Platz haben sich nur die kümmerlichen Reste des Eingangsportals (rechts oben) erhalten. Der Bahnhof, der sich dahinter in fast doppelter Höhe erhob, war der bedeutenste Eisenbahnknotenpunkt Berlins. Von hier aus fuhren alle Züge Richtung Süden. Der Bau wurde im Zweiten Weltkrieg stark zerstört, und nach der Teilung der Stadt kamen hier auch keine Züge mehr an. Der abgebildete Zirkus hatte auf der Brache nur ein vorübergehendes Domizil; südlich des Platzes entsteht der feste Bau für das Tempodrom.

The ruins alongside *Askanischer Platz*, pictured at the very top of the photo, are the sad remnants of the front section of *Anhalter Bahnhof* station which, in its day, was about twice as high. This was the most important station in Berlin, from whence all trains departed towards the south. The station suffered massive damage during WW II; and once the city was divided, not another train arrived at it. The circus pictured here only took up temporary residence on the fellow, to the south of which a permanent facility – the *Tempodrom* – is being erected.

De la *Anhalter Bahnhof*, située au *Askanischer Platz*, ne subsistent que quelques restes du portail d'entrée (en haut à droite). Dans le temps la gare d'une hauteur presque deux fois supérieure, était le nœud ferroviaire le plus important de Berlin, d'où partaient tous les trains en direction du sud. Détruite pendant la Seconde Guerre mondiale, elle a cessé de fonctionner du fait de la division de la ville. Le chapiteau que l'on voit sur la photo n'était que du provisoire; au sud de la place, un local en dur est en cours de construction pour accueillir le *Tempodrom*.

Das Jüdische Museum an der Lindenstraße in Kreuzberg. Sein eigenwilliger, zickzackförmiger Grundriss ist aus dieser Position besonders gut zu sehen. Für den Architekten Daniel Libeskind symbolisiert er ein aus imaginären Linien gebildetes Netz, das Lebens- und Wohnorte prominenter jüdischer und nichtjüdischer Bürger Berlins verknüpft. Das Gebäude, das zu den spektakulärsten Neubauten Berlins seit dem Zweiten Weltkrieg zählt, ist als Anbau des Berlin Museums konzipiert. Dieses Gebäude stammt aus dem 18. Jahrhundert, hier war unter anderem das Kammergericht untergebracht. Die Wohnbauten links entstanden im Rahmen der Internationalen Bauausstellung 1984/87.

The *Jüdisches Museum* on *Lindenstrasse* in *Kreuzberg*. Its unique and original zigzagged layout is exceptionally well discernible from this perspective. For architect Daniel Libeskind, it symbolizes a network of imaginary lines that link the lives and dwellings of prominent Berlin figures – both Jewish and gentile. One of the most spectacular pieces of post-war architecture in Berlin, this building is situated directly adjacent to the *Berlin Museum* which was built in the 18th century and has housed, among other occupants, the Supreme Court. The residential blocks to the left were built in the course of the International Building Exhibition 1984/87.

Le *Jüdisches Museum*, *Lindenstrasse* à *Kreuzberg*. Son plan original en zigzag est particulièrement bien visible de cette position. Il symbolise pour l'architecte Daniel Libeskind un réseau formé de lignes imaginaires, réseau qui relie les lieux où ont vécu et résidé d'éminents citoyens juifs et non-juifs de la ville. L'édifice, qui compte parmi les réalisations berlinoises les plus remarquables depuis la Seconde Guerre mondiale, a été conçu comme annexe du *Berlin Museum*. Ce musée date du XVIIIe siècle et abritait entre autres la cour supérieure du Land (*Kammergericht*). Les immeubles d'habitation à gauche ont été construits dans le cadre de la *Internationale Bauausstellung* 1984/87.

Die 1861 errichtete und im Zweiten Weltkrieg stark beschädigte
St.-Michael-Kirche an der Grenze zwischen Mitte und Kreuzberg.
Hier verlief bis 1989 die Mauer, so dass die Kirche, die im verbotenen
Grenzgebiet auf der Ostseite lag, über Jahrzehnte ungenutzt blieb.

The *St.-Michael-Kirche*, located in the border district between
Mitte and *Kreuzberg*, was built in 1861 and extensively damaged
during WW II. Since this was where the Wall ran previous to 1989,
the church, thus located in the off-limits border zone in the east,
remained unused for decades.

À la limite entre *Mitte et Kreuzberg*, la *St.-Michael-Kirche*, construite
en 1861 et gravement endommagée pendant la Seconde Guerre
mondiale. Voisine du Mur jusqu'en 1989, l'église était située dans le
no man's land Est et est donc restée inutilisée pendant des dizaines
d'année.

Der Mehringplatz und der U-Bahnhof Hallesches Tor am Landwehrkanal in Kreuzberg mit den in den sechziger Jahren geplanten
Wohnbauten. Der ehemalige Belle-Alliance-Platz repräsentierte
einst als Rondell die barocke Stadtbaukunst des 18. Jahrhunderts;
die im Zentrum des Platzes aufgestellte Säule mit einer Viktoria
von Christian Daniel Rauch stammt von 1843. Im Hintergrund ist
das Jüdische Museum zu erkennen, die große Halle am linken
oberen Bildrand gehört zum Blumengroßmarkt.

Mehringplatz and *Hallesches Tor* underground station, situated
alongside the *Landwehrkanal* in *Kreuzberg*, and 60's-design residential blocks. Formerly a circular flower bed called *Belle-Alliance-Platz*,
this square represented 18th-century urban baroque architecture.
The column positioned at the centre of the square, complete with a
Victoria by Christian Daniel Rauch, dates back to 1843. In the background, we can see the *Jüdisches Museum*; the huge hangar building at the top left is part of the central flower market complex.

La *Mehringplatz* et la station de métro *Hallesches Tor* sur le *Landwehrkanal* à *Kreuzberg,* avec les immeubles d'habitation conçus
dans les années soixante. L'ex-*Belle-Alliance-Platz* circulaire repré-
sentait autrefois l'architecture baroque du XVIIIe siècle; la colonne
érigée au centre de la place et ornée d'une «Victoire» de Christian
Daniel Rauch date de 1843. En arrière-plan, on distingue le *Jüdisches Museum*; la grande halle en haut à gauche appartient au
marché aux fleurs en gros.

Das so genannte Ullstein-Haus mit seinem kompakten Turmbau am Teltowkanal gegenüber dem Hafen Tempelhof wurde 1925-27 von Eugen Schmohl als Sitz des traditionsreichen Ullstein-Verlags gebaut. In dem ehemaligen Druckhaus haben heute zahlreiche kleinere Unternehmen, Dienstleistungsfirmen und auch Geschäfte ihr Domizil. Der von Norden kommende verkehrsreiche Tempelhofer Damm geht auf der Höhe des U-Bahnhofs Ullsteinstraße in den Mariendorfer Damm über.

The so-called *Ullstein-Haus*, with its compact-tower design, is situated on the banks of the *Teltowkanal*, opposite the *Tempelhof* docks. Eugen Schmohl built it for the well-known *Ullstein-Verlag* publishing house in 1925-27. The former printing facility is now occupied by numerous small businesses, service companies and retail outlets. It is near the *Ullsteinstrasse* underground station that *Tempelhofer Damm*, a major south-bound road heavy with traffic, becomes *Mariendorfer Damm*.

Avec sa tour compacte située au bord du *Teltowkanal* en face du port de *Tempelhof*, la *Ullstein-Haus* a été érigée entre 1925 et 1927 par Eugen Schmohl comme siège de la maison d'édition Ullstein. L'ancienne maison d'imprimerie abrite aujourd'hui de nombreuses petites entreprises, des prestataires de service et des magasins. Très fréquenté, le *Tempelhofer Damm* (sens nord-sud) devient le *Mariendorfer Damm* à la hauteur de la station de métro *Ullsteinstrasse*.

Der Flughafen Tempelhof mit den 1937 errichteten repräsentativen Anlagen von Ernst Sagebiel, die als Teil der Speer'schen »Welthauptstadt Germania« geplant waren. Auf dem Vorplatz das 1951 aufgestellte Luftbrückendenkmal. Die dreigliedrige Betonskulptur von Eduard Ludwig erinnert an die Luftbrücke der drei Westalliierten, über die während der sowjetischen Blockade 1948-49 die Westberliner versorgt wurden.

Tempelhof airport, with its impressive complex of buildings erected in 1937 based on a design by Ernst Sagebiel. Nazi architect Speer had planned to incorporate this complex into the "World Capital Germania" project. Situated on the square in front of the airport: the Air Bridge monument, erected in 1951. This three-pronged cement sculpture by Eduard Ludwig was created in memory of the airlift by the western Allied Forces, which kept open a supply route to West Berlin during the Berlin Blockade by the Soviets in 1948-49.

L'aéroport de *Tempelhof*, avec ses imposantes installations construites par Ernst Sagebiel en 1937 et projetées comme une partie de la «capitale mondiale Germania» par Speer. Sur l'esplanade, le Monument du Pont Aérien érigé en 1951. La sculpture en béton à trois membres d'Eduard Ludwig rappelle le pont aérien des trois Alliés occidentaux grâce auquel les Berlinois de l'Ouest ont été approvisionnés pendant le blocus soviétique de 1948-49.

Das ehemalige Kammergericht zwischen Kleistpark und Elßholzstraße in Schöneberg. Das 1913 fertig gestellte Gebäude war nach 1945 Sitz des Alliierten Kontrollrats für Deutschland und der Alliierten Luftsicherheitszentrale für Berlin. Auf dem Gelände des Kleistparks befand sich von 1646 bis 1903 der Botanische Garten, der dann auf ein sehr viel größeres Areal in Steglitz verlegt wurde.

The former Supreme Court, situated between *Kleistpark* and *Elßholz-strasse* in *Schöneberg*. Completed in 1913, after WW II this building was used as the headquarters for the Allied Control Council for Germany and the Allied Air Security bureau for Berlin. From 1646 to 1903, *Kleistpark* was the site of the botanical gardens, later moved to much larger grounds in *Steglitz*.

L'ancien *Kammergericht* entre *Kleistpark* et *Elssholzstrasse* à *Schöne-berg*. Le bâtiment, achevé en 1913, abritait après 1945 le Conseil de contrôle des Alliés pour l'Allemagne et la Centrale de sécurité aérienne alliée pour Berlin. Sur le terrain du *Kleistpark* se trouvait de 1646 à 1903 le jardin botanique qui fut, par la suite, déplacé vers un terrain bien plus grand à *Steglitz*.

In den Jahrzehnten der Berliner Teilung war das 1911-14 errichtete Rathaus Schöneberg Sitz des West-Berliner Abgeordnetenhauses und der Regierung. Auf seinem Vorplatz sprach John F. Kennedy seinen legendär gewordenen Satz »Ich bin ein Berliner«. Heute trägt der Platz seinen Namen. Links ein Teil des Rudolph-Wilde-Parks, der in den Volkspark Schöneberg übergeht. Rechts vom Rathaus der 1913-14 entstandene halbrunde Bau der Nordstern-Versicherungsgesellschaft von Paul Mebes und Paul Emmerich.

During the many decades of Berlin's division, *Rathaus Schöneberg* (built in 1911-14) was the seat of West Berlin government and its chamber of deputies. The square situated before the building is where John F. Kennedy held his legendary speech, proclaiming to the world "Ich bin ein Berliner". Today, the square bears his name. To the left: A section of the *Rudolph-Wilde-Park* which borders on the *Volkspark Schöneberg*. To the right of the *Rathaus* stands the semi-circular *Nordstern* building, built in 1913-14 by Paul Mebes and Paul Emmerich.

Pendant les décennies de la division de Berlin, la mairie de *Schöneberg*, construite entre 1911 et 1914, était le siège de la Chambre des députés et du Gouvernement de Berlin-Ouest. C'est sur son esplanade que John F. Kennedy prononça sa phrase désormais légendaire: «Ich bin ein Berliner». La place porte maintenant son nom. À gauche, une partie du *Rudolph-Wilde-Park* qui devient le Volkspark *Schöneberg*. À droite de l'hôtel de ville, le bâtiment semi-circulaire de la compagnie d'assurances *Nordstern*, construit en 1913-14 par Paul Mebes et Paul Emmerich.

Für das 1929-31 erbaute erste Funkhaus Deutschlands fand der Architekt Hans Poelzig eine Lösung, die noch heute Bestand hat. Durch den dreieckigen Grundriss und die Verbindungstrakte entstanden vier vom Verkehrslärm auf der Masurenallee abgeschirmte Höfe und genügend Raum für die Sendestudios. Links im Bild der Übergang zum Hochhaus des Senders Freies Berlin mit den Fernsehstudios.

The design of Germany's first broadcasting house, built by architect Hans Poelzig in 1929-31, to this day still represents a practical architectural solution. While its triangular layout coupled with the adjoining wings have created four courtyards, each of which is well-shielded from the traffic noises of *Masurenallee*, the complex also provides sufficient space for the radio studios it houses. To the left we can see the passage leading to the high-rise building occupied by the television and radio studios of *Sender Freies Berlin*.

Pour la première maison de la radio allemande, construite dans les années 1929-31, l'architecte Hans Poelzig a trouvé une solution encore valable aujourd'hui. Le plan triangulaire du bâtiment et les ailes de communication ont permis de créer quatre cours isolées du bruit de la circulation sur la *Masurenallee* et un espace suffisant pour les studios d'émission. À gauche sur la photo, le passage vers l'immeuble et les studios de télévision du *Sender Freies Berlin*.

Schon vor dem Ersten Weltkrieg wurden am damaligen Kaiserdamm, heute Messedamm, die ersten Ausstellungshallen errichtet. Seitdem ist auf diesem Areal ein ausgedehntes Messegelände mit zahlreichen Hallen und einem Sommergarten entstanden, das vom 1926 eingeweihten Funkturm gekrönt wird. Über den Messedamm, der inzwischen auf die Stadtautobahn mündet (vorn im Bild), kommt man direkt in das Ende der siebziger Jahre erbaute Internationale Congress Centrum (ICC). Rechts vor dem wuchtigen Bau, zur Neuen Kantstraße hin, eine 16 Meter lange und 7 Meter hohe Bronzeskulptur von Jean Ipoustéguy.

The first exhibition halls on *Messedamm* (then known as *Kaiserdamm*) were already built previous to WW I. Since then, the grounds have seen the further construction of an expansive complex of halls as well as a huge courtyard garden area. The *Funkturm*, jewel in the crown of the grounds, was inaugurated in 1926. The *Messedamm*, nowadays connected to the city freeway (pictured at front), leads directly to the *Internationales Congress Centrum* (ICC) which was built in the 70's. To the right of this massive complex, facing *Neue Kantstrasse*, a 16-metres long and 7-metres high bronze sculpture by Jean Ipoustéguy.

Avant la Première Guerre mondiale déjà, les premiers halls d'exposition ont été construits le long du *Kaiserdamm* d'autrefois, appelé maintenant *Messedamm*. Depuis lors, cet espace a vu naître un vaste parc des expositions comportant de nombreux halls et un jardin d'été, le tout étant couronné par la tour de la radio inaugurée en 1926. Par le *Messedamm*, qui, aujourd'hui, débouche sur l'autoroute municipale (au premier plan sur la photo), on arrive directement au *Internationales Congress Centrum* (ICC) construit à la fin des années soixante-dix. À droite devant le bâtiment massif et imposant, tournée vers la *Neue Kantstrasse*, se trouve une sculpture en bronze de 16 mètres de long et de 7 mètres de hauteur de Jean Ipoustéguy.

Das Stadion bildet den Mittelpunkt des Olympischen Areals, das nach Entwürfen von Werner March zu den Olympischen Spielen im Jahr 1936 errichtet wurde. An der Nordseite die Anlage für Schwimmwettkämpfe. Für das Stadion, Spielort der Bundesligamannschaft Hertha BSC, sind umfangreiche Umbauten geplant.

The Olympic grounds, built for the Games of 1936 based on a design by Werner March, are centred around the stadium. The aquatic facilities reside on the northern part of the grounds. Extensive reconstruction measures are planned for the stadium – the home venue of the premier soccer league club *Hertha BSC*.

Le stade forme le centre de l'Aire olympique qui a été construite selon les plans de Werner March à l'occasion des Jeux olympiques de 1936. Au côté nord se trouve la piscine pour les compétitions de natation. Pour ce stade où ont lieu les matches de l'équipe de football de première division *Hertha BSC,* des travaux de grande envergure sont prévus.

Die Spandauer Altstadt mit der Nikolaikirche, davor das Rathaus mit dem hoch aufragenden Turm. Die mittelalterliche Stadtanlage Spandaus erkennt man noch heute aus der Vogelperspektive. In historischen Schriften ist die Siedlung zwischen Spree und Havel erstmals 1232 dokumentiert – fünf Jahre vor der ersten Erwähnung Berlins. Eine Tatsache, auf die die Spandauer sehr stolz sind. Rechts oben im Bild, jenseits der Havel, ist der Turm der Zitadelle aus dem 16. Jahrhundert zu erkennen. Links unten die großzügige Anlage des neuen Bahnhofs.

The historic centre of *Spandau*, centred around the *Nicolaikirche*. The district *Rathaus*, a compact-design building with an elevated clock tower, is situated on the border of the historic centre. Viewed from a bird's-eye perspective, *Spandau* still displays the layout of medieval town planning. Historical documents first cite the settlement nestled between the Spree and Havel rivers in 1232, five years previous to the first mention of Berlin – a case in point of which the people of *Spandau* are especially proud. At the top right of the picture, beyond the Havel River, stands the tower of the 16th-century *Zitadelle*. At the bottom left: The expansive train station facility.

Le centre historique de *Spandau* avec la *Nikolaikirche* et devant celle-ci l'hôtel de ville avec sa tour se dressant vers le ciel, ainsi que le bâtiment compact de la mairie. Vu des cieux, les structures moyenâgeuses de *Spandau* sont encore aujourd'hui reconnaissables. Dans des documents historiques, l'habitat entre *Spree* et *Havel* est évoqué pour la première fois en 1232, c'est-à-dire cinq ans plus tôt que Berlin. Les habitants de *Spandau* en sont très fiers. En haut à droite de la photo, sur l'autre rive de la *Havel* on voit la tour de la citadelle du XVIe siècle. En bas à gauche de la photo, on distingue le nouvel aménagement généreux de la gare.

Die Anlage des Mexikoplatzes mit seiner reizvollen Bebauung im Landhausstil wurde 1905-10 angelegt und bildet zugleich das Entree für den gleichnamigen S-Bahnhof im Südwesten der Stadt. Die Bahnhofsvorhalle mit dem runden Kuppelaufbau gehört zu den schönsten S-Bahnhöfen Berlins und ist zudem eines der wenigen erhaltenen Jugendstilgebäude der Stadt.

Mexikoplatz with its charming country-cottage design, was created in 1905-10 and is an entry forecourt to the train station of the same name in the south-western part of Berlin. The station lobby, with its mounted dome, is one of the most magnificent train stations in Berlin, and one of the city's few remaining artefacts of Jugendstil architecture.

Cette place avec son aménagement charmant dans le style des maisons de campagne a été créé dans les années 1905-10 et est en même temps l'entrée de la station de *S-Bahn Mexikoplatz* dans le sud-ouest de la ville. Le hall de la gare avec sa coupole ronde est parmi les plus belles stations de *S-Bahn* berlinoises et l'un des rares bâtiments du style 1900 conservés de la ville.

Die großzügige Anlage des Botanischen Gartens mit seinen im Jugendstil errichteten Gewächshäusern verdankt Berlin vor allem dem Ministerialdirigenten im Preußischen Kultusministerium, Friedrich Althoff. Er engagierte sich für die Verlegung des Gartens aus dem zu eng gewordenen Kleistpark und förderte die von 1897-1903 erfolgte Neueinrichtung in Steglitz.

The expansive grounds of the *Botanischer Garten*, with its Jugendstil-design greenhouses, were the brainchild of one Friedrich Althoff, ministerial director at the Prussian ministry of culture. He advocated moving the gardens from the cramped grounds of *Kleistpark*, calling for their relocation to *Steglitz*, which was followed up upon in 1897-1903.

Berlin doit le vaste site du *Botanischer Garten* avec ses serres dans le style 1900 avant tout à Friedrich Althoff, chef de section au Ministère de la Culture de Prusse. Il soutenait le transfert du jardin, le *Kleistpark* étant devenu trop petit, et promouvait l'aménagement à Steglitz, qui eut lieu dans les années 1897-1903.

In Nachbarschaft zum Teufelsberg, mitten im Grunewald, erhebt sich diese lange Jahre durch schärfste Sicherheitsmaßnahmen geschützte Anlage. In Zeiten des Kalten Krieges von den Amerikanern errichtet, diente die Radarstation als Abhöranlage. Seit dem Abzug der Alliierten aus der Stadt ist die Zukunft dieses imposanten Komplexes ungewiss.

This radar facility is situated in close proximity to *Teufelsberg*, surrounded by the *Grunewald* forest. Built by the Americans during the Cold War era, it was, for many years, a high-security facility used to eavesdrop on the enemy. Since the Allied Forces have left Berlin, the future of this imposing complex is uncertain.

Dans le voisinage du *Teufelsberg*, au milieu du *Grunewald,* se trouve cette installation protégée pendant des longues années par des mesures de sécurité extrêmement strictes. Construite par les Américains pendant les temps de la Guerre Froide, cette station radar servait d'installation d'écoute. Depuis le départ des Alliés de Berlin l'avenir de ce complexe imposant est incertain.

Die Glienicker Brücke gehörte zu den wohl bekanntesten Symbolen des Kalten Krieges. Hier tauschten die Alliierten ihre Spione aus, abgeschirmt von den diversen Geheimdiensten. Seit der Maueröffnung verbindet die Brücke über die Havel wieder Berlin und Potsdam. Mit der Wohnbebauung auf der Potsdamer Seite wurde Ende der neunziger Jahre begonnen. Auf der Berliner Seite sieht man die Ausläufer des Glienicker Parks mit der Großen Neugierde – ein von Säulen getragener Rundbau, der 1835-37 von Karl Friedrich Schinkel errichtet wurde.

The *Glienicker Brücke* is one of the most renowned symbols of the Cold War. This is where the Allies, shielded from the various secret service organizations, conducted their spy exchanges. Since the fall of the Wall, this Havel River bridge is once more a link between Berlin and Potsdam. Construction of residential housing on the Potsdam side began in the late 90's. On the Berlin side, the bridge borders on *Glienicker Park*, with its *Große Neugierde* – a column-bearing circular construction built by Karl Friedrich Schinkel in 1835-37.

La *Glienicker Brücke* faisait partie des symboles les plus connus de la Guerre Froide. Protégés par leurs services secrets, les Alliés échangeaient sur ce pont leurs espions. Depuis l'ouverture du Mur, le pont sur la *Havel* relie de nouveau Berlin et Potsdam. C'était à la fin des années quatre-vingt-dix que l'on recommençait la construction d'immeubles du côté de Potsdam. Du côté de Berlin, on voit un bout du *Glienicker Park* avec la *Grosse Neugierde*, une rotonde à colonnes qui fut construite par Karl Friedrich Schinkel dans les années 1835-37.

Die Pfaueninsel ist eines der Kleinode der von den Preußenkönigen initiierten Kulturlandschaft, die das Wald- und Seengebiet im Südwesten Berlins mit dem von Potsdam verbindet. Friedrich Wilhelm II. ließ hier Ende des 18. Jahrhunderts für sich und seine Geliebte Wilhelmine Enke eine romantisch-exotische Welt errichten, zu der auch das weiß leuchtende Ruinenschlösschen gehört. Mit der Fähre gelangt man vom Ende des Nikolskoer Weges (rechts) auf die Insel. Links oben im Bild die Ufer von Kladow, rechts hinten die Einfahrt zum Großen Wannsee.

The *Pfaueninsel* is one of the gems in the cultural landscape created by Prussia's kings which links the lake and forest district in the south-west of Berlin with that of Potsdam. At the end of 18th century, Friedrich Wilhelm II had a romantic-cum-exotic world built here for himself and his sweetheart Wilhelmine Enke. The shining white miniature castle, now in ruins, was part of that design. The island is accessible via a ferry that departs from the bottom end of *Nikolskoer Weg* (right). To the top left of the photo: The river-side section of *Kladow*. At the top right: The entranceway to *Großer Wannsee* lake.

La *Pfaueninsel* est un des bijoux du paysage cultivé créé par les rois de Prusse, paysage qui relie la région de forêts et de lacs du Sud-Ouest de Berlin à celui de Potsdam. Frédéric Guillaume II y fit ériger pour lui-même et sa maîtresse Wilhelmine Enke un monde romantique et exotique dont le petit château en ruine avec son rayonnement blanc fait partie. De la fin du *Nikolskoer Weg* (à droite), on atteint l'île en bac. En haut à gauche de l'image, le rivage de *Kladow*, à droite en arrière l'entrée du *Grosser Wannsee*.